子どもを守るおまじない

かわいい背守り刺繍

堀川波

75の図案と詳しい縫い方

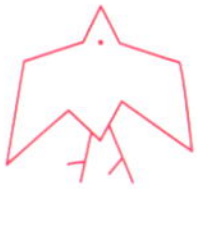

はじめに

 子どもがまだ神のものであった昔、幼い命を守るために、母親が生まれたばかりの子どもの産着の背中に縫い込んだ魔除けの一針。

 江戸時代にはじまった習慣です。

 医学が発達していなかった昔、「子どもは神のもの」という言葉があったように、病や事故などで命を落とすことが多く、人々は背中から魂が抜けてしまうと信じていたが、それを防ぐため、目立つ"目"を背中に縫うことで、魔除けとし、赤ん坊の無事を願いました。

 大人の着物には背中に縫い目がありますが、子どもの産着は一つの布で仕立てられているため、背中に縫い目がなく、その縫い目がないことを「背守り」は、産着の背中に縫い込んだ子どもの魔除けのしるし。

身といい、縫い目がありません。そこで、背中に〝目〟をつけて、背後から忍び寄る魔物を祓おうと考えたのです。

それは、わが子を思う母の祈りの手仕事です。

昭和の初期ごろまで親から子へと伝えられ、家庭手芸として親しまれていた背守りでしたが、人々の暮らしの変化とともに見かけることが少なくなりました。生まれたときから洋服を着ることが当たり前の世の中では、背中の縫い目を気にかける人もいません。

けれど、子どもを授かる喜び、健やかな成長を願う親の気持ちは、今も昔も変わりません。

この本では、裁縫箱にある針と糸を使ってすぐにできる背守り刺繍を紹介しています。昔から続いている伝承柄から、今の暮らしに合うオリジナルのデザインまでたくさんありますから、ちくちく縫って楽しんでいただけたらうれしいです。

堀川 波

目次

第一章

ずっと変わらない親の思い

伝承柄

最初にご紹介するのは、
古くから伝わる背守りの伝承柄です。
勢いよく空に向かって成長する植物、
長生きの象徴である
おめでたい鶴亀などの動物、
幸せを運んでくれる風車…。
他にもたくさん。
ひとつひとつの形に、
縁起を大切にする日本ならではの
意味が込められています。

麻の葉模様の産着に刺した、麻の葉の背守り。

麻の葉

成長が早くまっすぐに伸びることから、
その丈夫さにあやかって、子どもの健康を祈ります。
昔から、子どもに最初に着せる産着は、
麻の葉柄がいいともいわれてきました。
正六角形を結ぶ六つの点と、六つの菱形を組み合わせた
潔い形も美しいものです。

図案≫P.54

独楽〈こま〉

くるくると回る姿から〝頭が回る〟、〝お金が回る〟。
人生がうまく運ぶことを願って。

図案 ≫ P.54

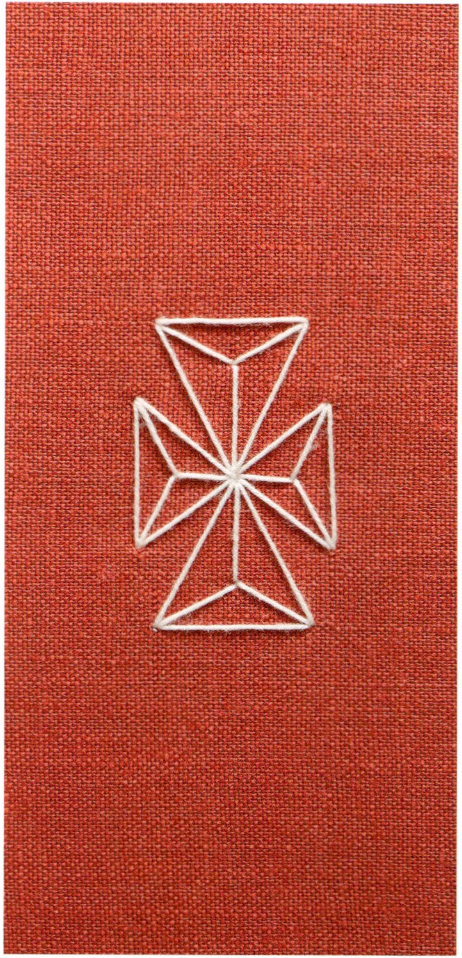

菱〈ひし〉

繁殖力が強い植物・ヒシにかけて、
「子孫繁栄」「無病息災」を祈ります。

図案 ≫ P.54

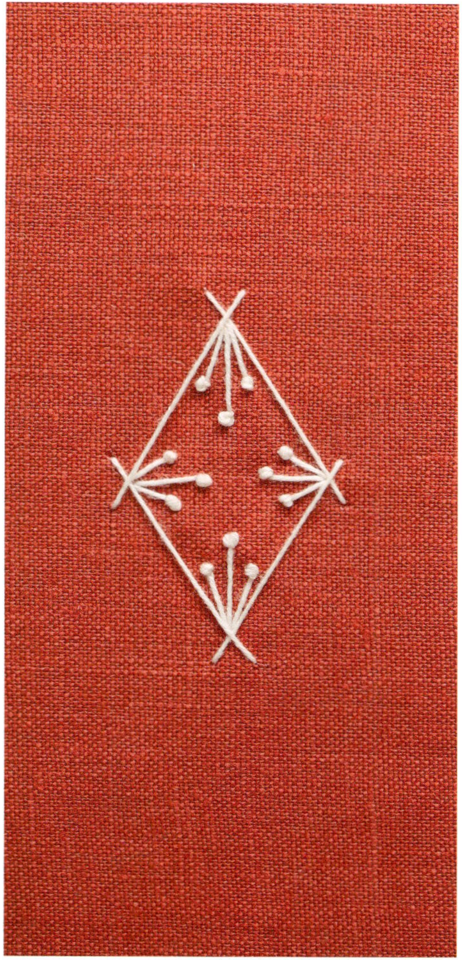

松竹梅

〈しょうちくばい〉

おなじみの
慶事・吉祥の
シンボル。
三つ揃って
「歳寒《さいかん》の三友《さんゆう》」
とも呼ばれ、
古くから
祝いの席に
欠かせない、
めでたきものの
象徴です。

梅

〈うめ〉

春に先駆けて咲く花。
紅白の色も縁起の証し。

竹

〈たけ〉

しなやかに伸びる姿が
“威勢”そのもの。

松

〈まつ〉

極寒の季節も常緑の葉が、
不老不死を表します。

図案≫P.55

おめでたい形

籠目〈かごめ〉

魔物をにらむ
といわれています。

帆掛け船

よいことは遠くから
やってくる。

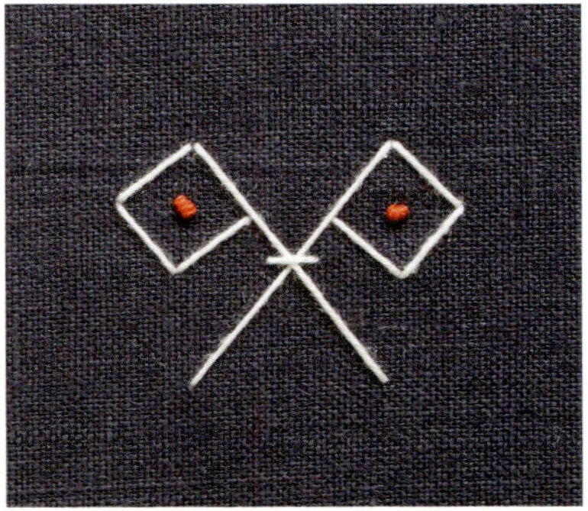

旗

どんなときも見守り、
応援する親の思いを込めて。

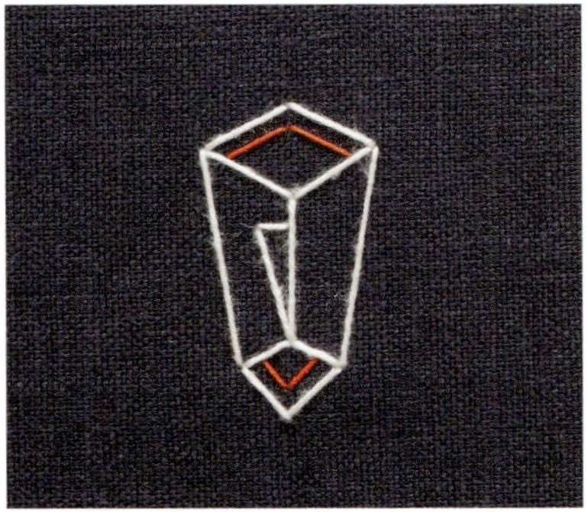

のし

祝儀の贈り物に添える、
長寿の熨斗アワビが由来です。

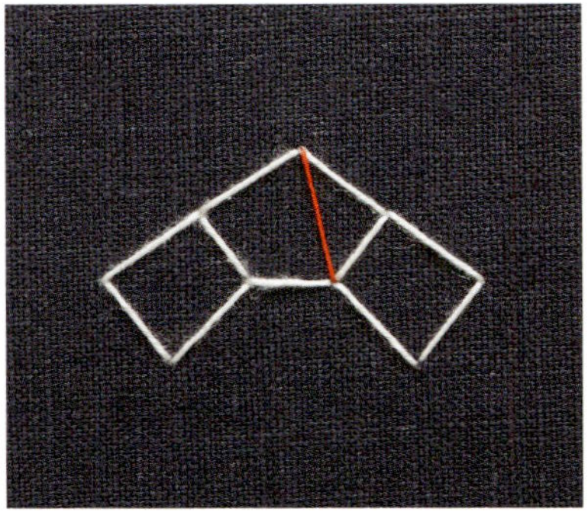

結び文〈むすびぶみ〉

“むす”は命の誕生をあらわす言葉。
新しい縁を結ぶ意味も。

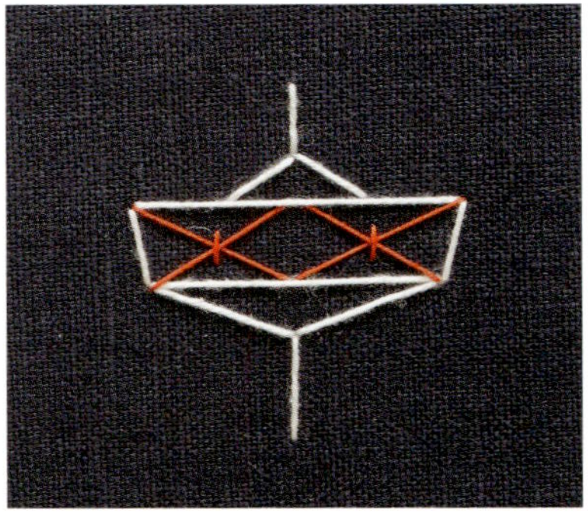

回る独楽〈こま〉

芯は“筋を通す”ことの象徴。
独り立ちも後押しします。

図案≫ P.56〜57

鶴亀

〈つるかめ〉

鶴は千年、亀は万年。日本人になじみ深い縁起のいい動物です。鶴は、生涯同じパートナーとともに生きることから、夫婦愛の象徴でもあります。

図案≫P.58

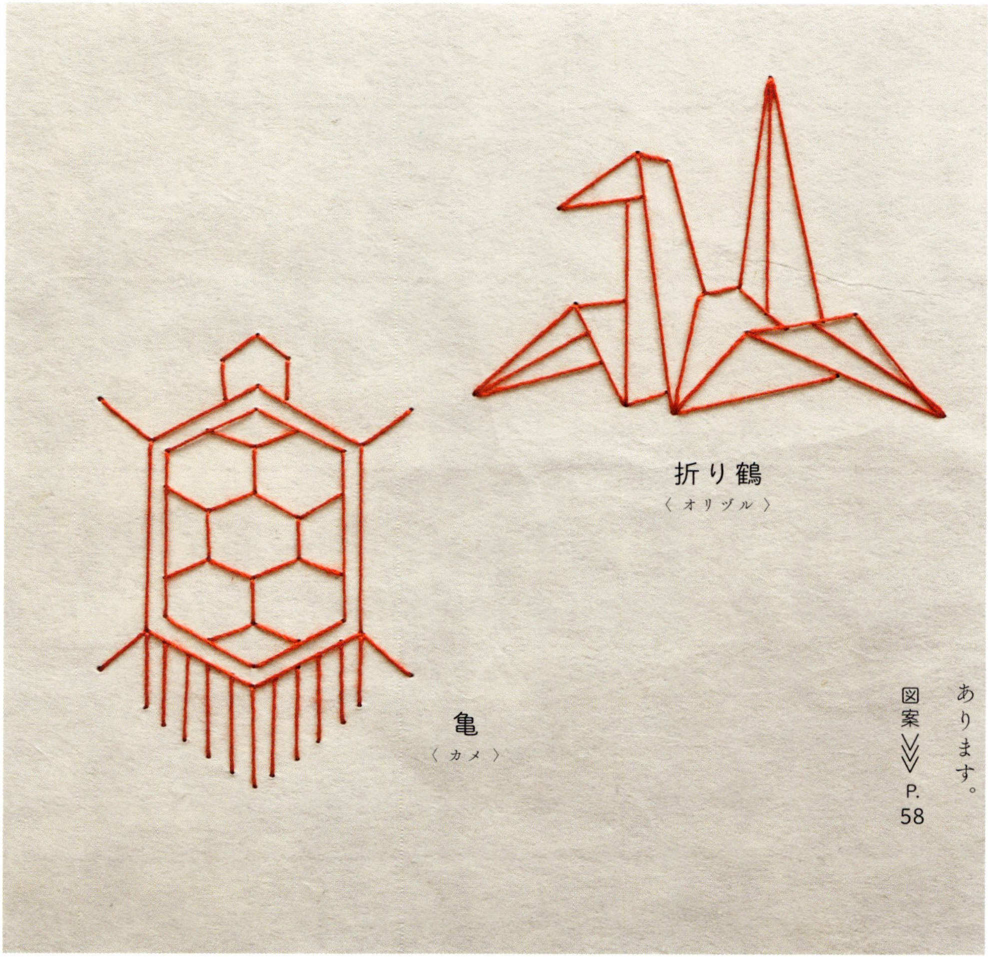

折り鶴
〈オリヅル〉

亀
〈カメ〉

図案>>> P. 59

動物

千鳥

〈ちどり〉

“千取り”の語呂合わせから、
多くの幸せが集まりますように。

蝶々

〈ちょうちょう〉

脱皮しながら生まれ変わる蝶。
やがて美しく羽ばたく日を夢見て。

兎

〈うさぎ〉

月の使いである兎が
“ツキ”を呼んでくれます。

蜻蛉

〈とんぼ〉

前にしか進まない、
“勝ち虫”にあやかって。

風車
〈かざぐるま〉

子どもの健康と、
幸せな未来が、
軽やかな
風に乗って
運ばれてきますように。

図案≫P.60

幾何学模様

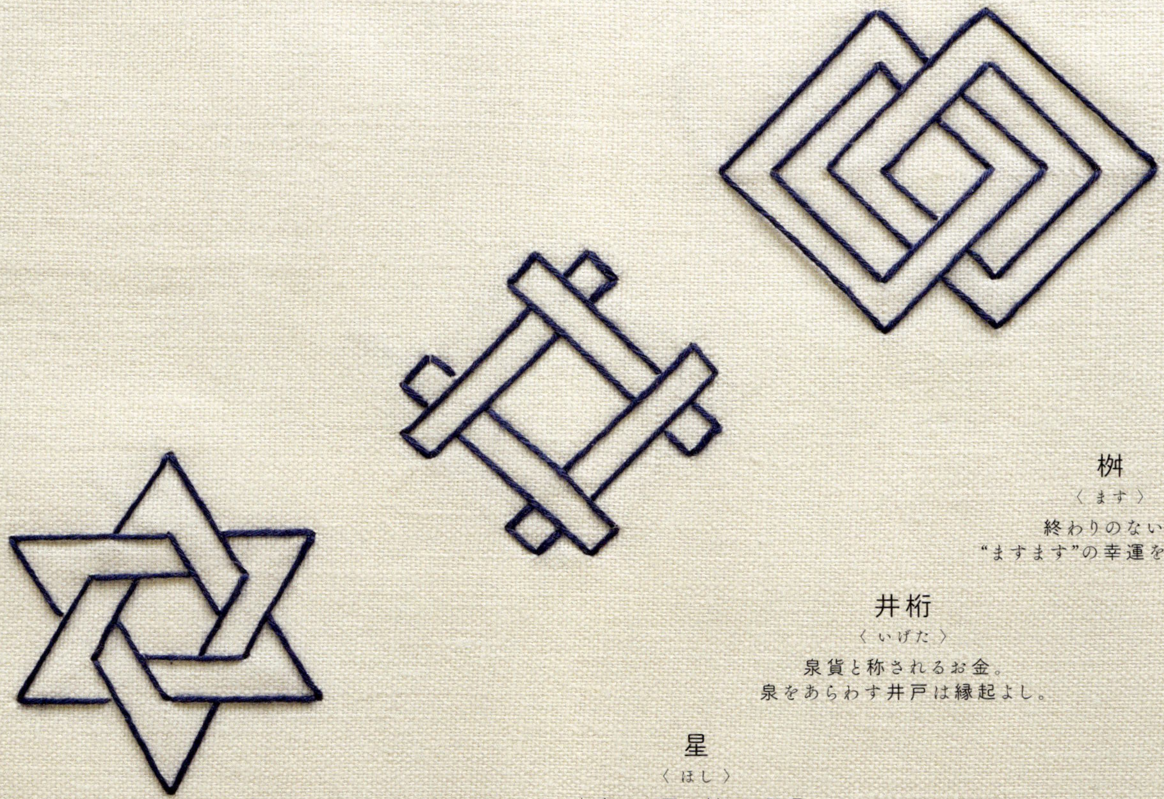

桝
〈ます〉

終わりのない、
"ますます"の幸運を祈って。

井桁
〈いげた〉

泉貨と称されるお金。
泉をあらわす井戸は縁起よし。

星
〈ほし〉

古来から悪を封じる記号。
まさに魔除けのしるしです。

図案 ≫ P.61

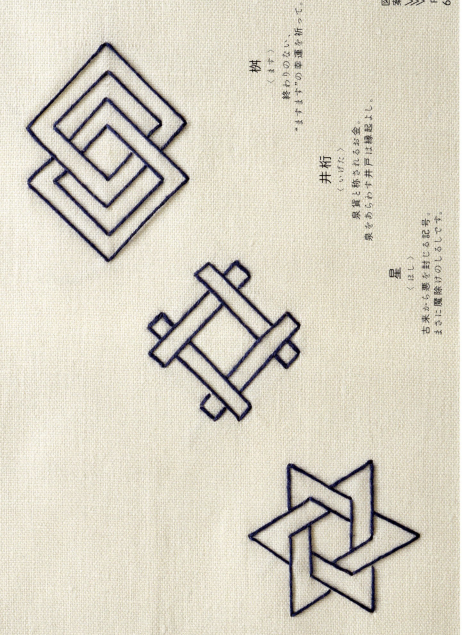

図案 >>> P.62

花

菊

〈きく〉

重陽の節句や七五三を彩る花。
生けるといい子に育つとも。

桃

〈もも〉

中国では不老長寿の薬と
いわれる“仙果”です。

図案 ≫ P.63

図案 ≫ P.62

紫陽花

〈あじさい〉

水分を欲する花。一緒に邪気を
吸い取ってくれますように。

鉄線

〈てっせん〉

鉄の線のように
折れない蔓をもつ強い花です。

生まれたての子どもの産着に、背守りを

私は大阪で生まれ、育ちました。お宮参りの写真を見返すと、額に朱色の墨で「小」と書かれています。当たり前のことだと思っていましたが、関西だけの風習と大人になってから知りました。

文字は宮司さんが筆を使って書きます。調べてみると地域によって違いはあるものの、男の子の額には「大」、女の子の額には「小」を。みんな元気に、かわいく優しく育ちますようにという願いが込められているそうです。

もともとは『×』と書いて魔除けをしたとされています。×はよくない意味で使われることが多いですが、神の加護を受けていることを示すしるしでもあるのです。この『×』が変化し「大」「小」「犬」などになっていったのですね。

背守りを知ったのも大人になってからですが、これもまた、お宮参りのときの額にあった文字と同じように、赤ちゃんを見えない邪鬼から守る魔除けのおまじない。産着の背中に縫いつけていた『×』が、さまざまな形に変化したものです。

どちらも、知らず知らずのうちに日本人の心に生き続けている祈りの文化。暮らしの中に深く根ざしている、親が子を思う気持ちをいとおしく感じます。

七五三の
背縫いのない
一つ身の
被布（ひふ）
に 背守りを
つけるのも
すてきです

第二章

おなじみの図形から発想して…

点結びの柄

昔から、人々は親しみのある図形に
意味を見出してきました。
例えば、三角形の角は、
人生になぞらえて始まり・中間・終わり。
バランスのとれた四角形は完全性。
二章でご紹介するのは、
そんな図形を元にした背守り刺繍です。
同じ点でも結び方によって
さまざまな形に変化するのが
おもしろいところです。

三角形

空を目指して
上を向く三角形は、
新しいものを
創造する力。
子どもの未来に
成長と繁栄が
もたらされ
ますように。

図案 ≫ P.63

まず、布に
三つの点を描き、
思い思いに
つないで
いきましょう。

大きな
三角形の中に
もうひとつ、
小さな三角形を。

六つの
細長い三角形を
組み合わせて
います。

六角形

調和や安定の象徴といわれます。雪の結晶や蜂の巣、蜻蛉や蝶の複眼、亀の甲羅など、自然界にも多いバランスのいい図形です。

図案≫P.64

立方体になりました。

小さな三角形を三つ合わせて。

六芒星《ろくぼうせい》の出来上がり。籠目（P11）と同じ形でもあります。

布に描く点は、正六角形の角と真ん中のひとつ。つなぎ方を変えて遊びましょう。

八角形

末広がりの〝八〟。
〝八百万《やおよろず》の神〟、
〝八方丸く
おさまる〟など、
日本人が昔から
大切にしてきた
縁起のいい言葉が
たくさん
あります。

図案≫P.65

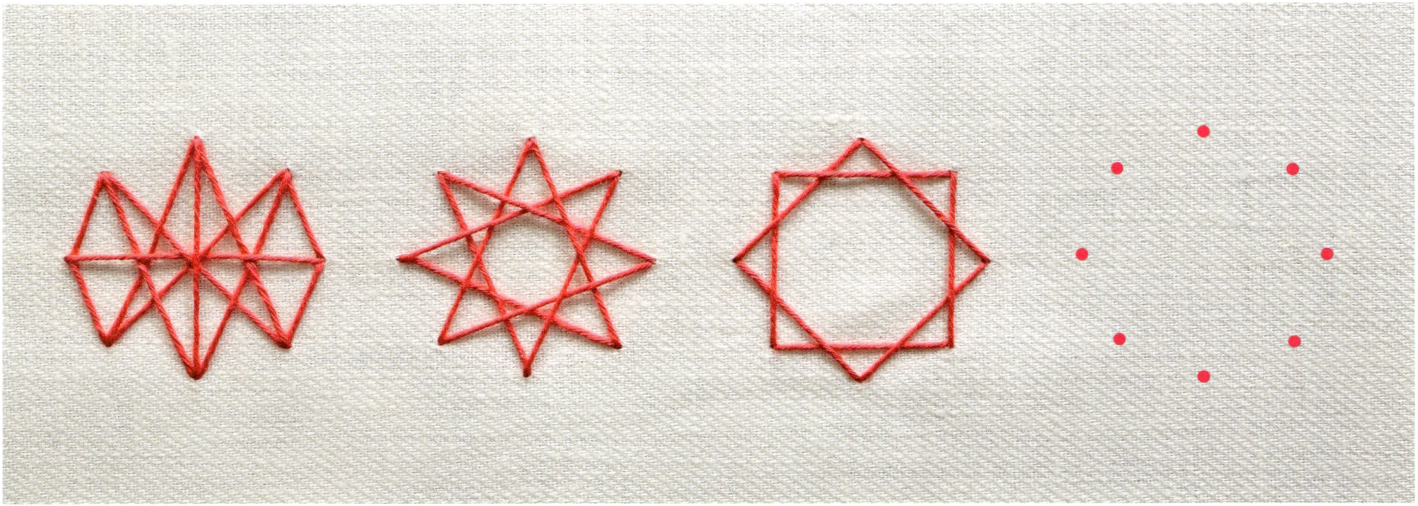

次は八角形。角になる点を布に描いてつないでいきます。

大きな四角の組み合わせ。

8枚の花弁の花のように。

左右対称のこんな形も。

上下

シンプルな
上下の点は、
均衡をあらわす形。
子どもの心と体が
ずっと安定して
平穏であることを
願って。

上下に
五つの点を
並べて描きます。
自由に結んで
みましょう。

隣り合う点を
斜めに結んで。

線を大きく
傾ければ…。

まっすぐな縦線も
組み合わせて。

*線が交差するところは、
上から別の糸で押さえて
たるまないように
しています。

図案≫P.66

長方形

四角形の
四つの角は、
春夏秋冬、
あるいは
東西南北…。
子どもが生きる
世界を
包み込む形です。

図案≫ P.67

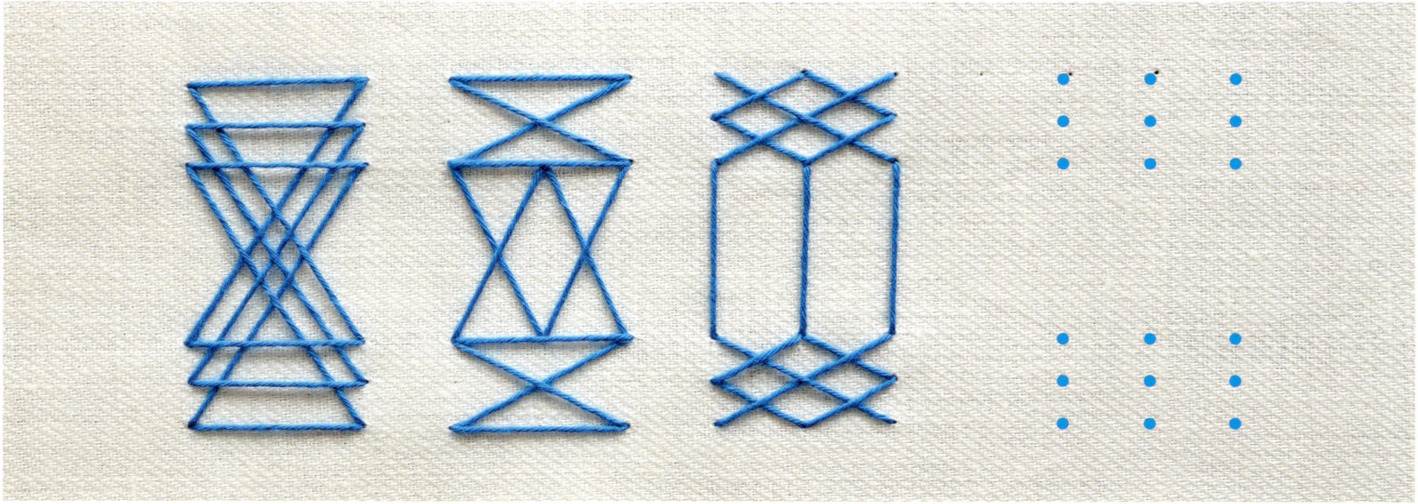

三つの点を
上下六カ所に。
点の数を増やすと、
柄の幅が
広がります。

斜めの線と
縦の線で。

縁起のいい
和楽器・鼓のよう。

砂時計が
できました。

もっと自由に背守りを。洋服にも似合います

私が初めて背守り刺繍を刺したのは、息子が通っていた保育園の夏祭りに着せた甚兵衛です。図案は、昔から伝わる背守り図案のひとつ、「帆掛け船」(P11で紹介)。〝よいことは、遠くからやってくる〟という意味も気に入りました。浴衣、七五三など祝い着にもよく似合うと思います。

日本ならではの風習なので和の印象が強いかもしれませんが、洋服にも似合います。Tシャツやワンピースの背中に刺してみるのもいい。今の暮らしに合わせて、私たちなりの楽しみ方はたくさんあります。

線だけのシンプルな刺繍なので、他の図案に変えたくなったり、服をお下がりにするときにさっとほどけるのもいいところです。

背中に刺すルールも絶対ではありません。ポケットや襟、また帽子のつばなどを飾っても。親子でお揃いの背守りを刺してもかわいい！まだ字が読めない幼い子どもの持ち物に、名

前の代わりに好きなモチーフの背守り刺繍を刺してあげるのもおすすめ。自分のしるしがあるのはうれしいものですから。

それから、運動会や学芸会など子どもがドキドキ緊張する日に「がんばって」という祈りを込めて下着など見えない場所に刺しては？　いつも以上のパワーが出るかもしれません。

昔から針目には、呪力があるといわれています。子どもを想うかわいいおまじないは、きっと大きな力になります。

親子でお揃いの
ワンピースに
「背守り」も
かわいい

第三章

自由に、かわいらしく

手描きの絵柄

産着の背中だけでなく、
小物にも似合います。
帽子、くつ下やハンカチ、
手提げやお弁当袋…。
それから小さな枕カバーや、
毛布の端っこなど
子どもが毎日使っているものに
縫うとすてきです。
ここからは、今の暮らしに合う
手描き絵の図案をご紹介します。

ミニトートバッグに、家の図案とHOMEの文字を刺繍しました。

HOME

女の子

リボン

心と心が
結ばれます
ように。

ハート

誰からも
愛されるしるし。

いちご

「かわいい！」は
最強なのです。

図案≫P.68

男の子

兜〈かぶと〉

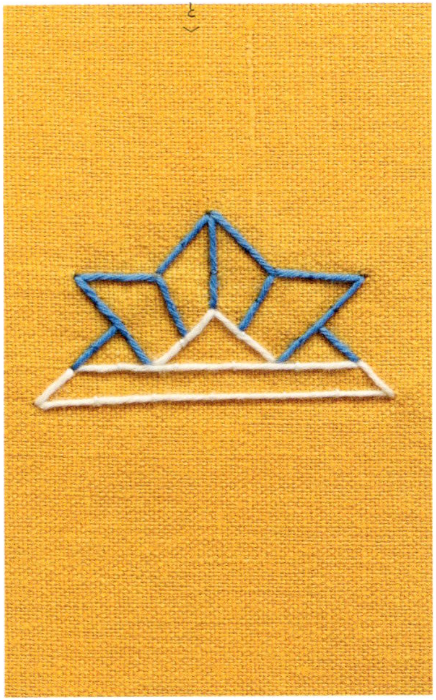

凛々しく
たくましく
育ってね。

手裏剣〈しゅりけん〉

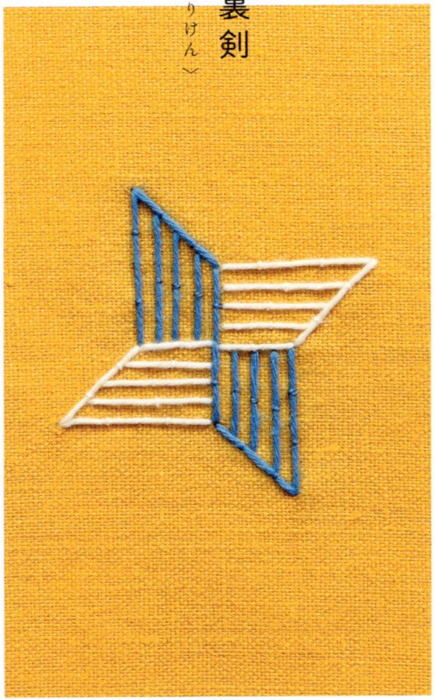

戦いに勝つ！
そんな強い
気持ちを持って。

紙飛行機

大きな夢を乗せて
飛んで行け！

図案≫P.69

図案 ≫ P.70

大きな木

枝を伸ばし、
葉を茂らせ、
大地にしっかりと
根づく……。
大きな木のような
成長を願って。

家

家はいちばん
安心できる場所。
いつでも
帰れる場所が
あることを
忘れないで。

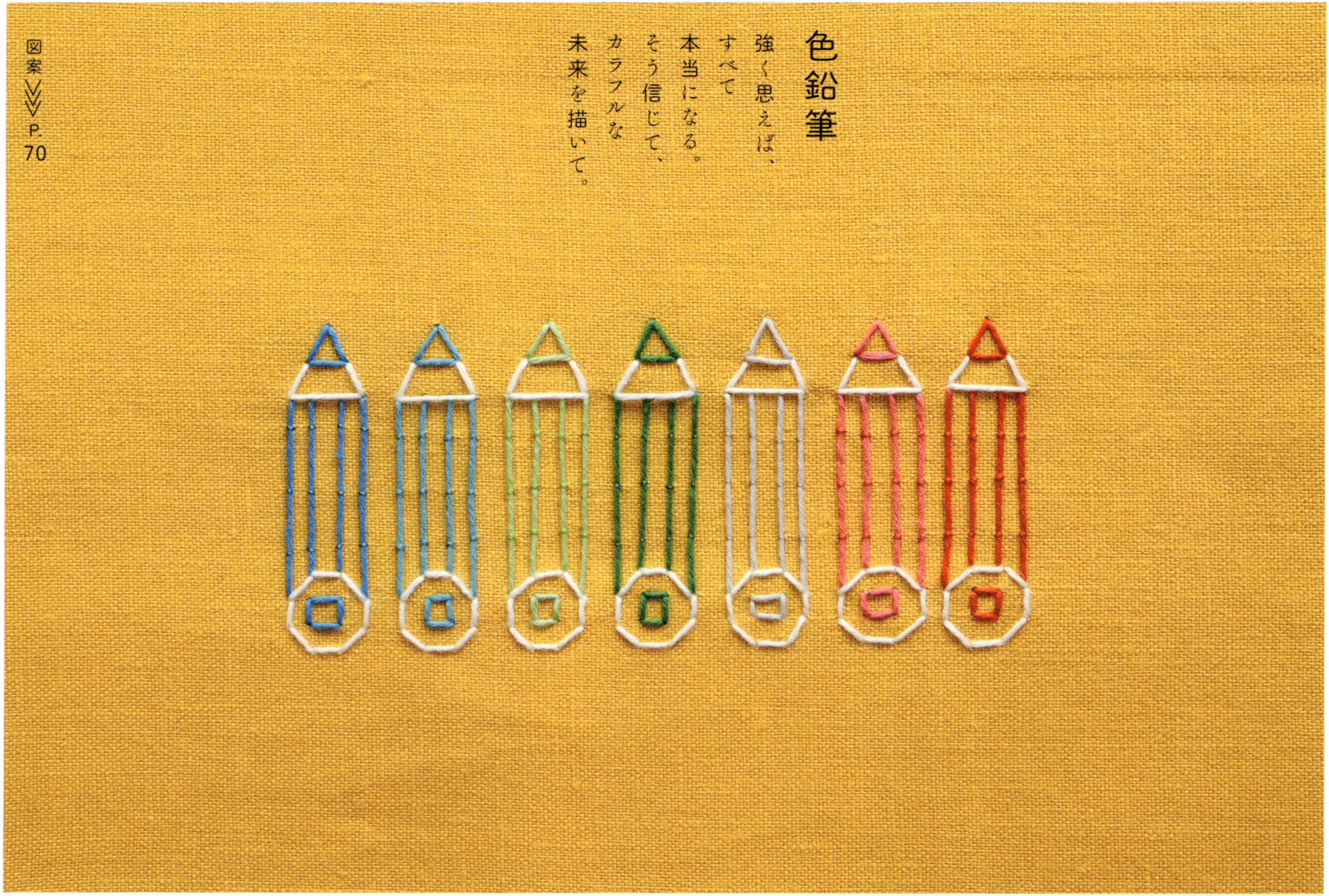

色鉛筆

強く思えば、
すべて
本当になる。
そう信じて、
カラフルな
未来を描いて。

図案≫P.70

空想の花

どんなときも、
心に花を咲かせよう。
小さくてもいい。
あなたの色をした、
あなたの形の花を。

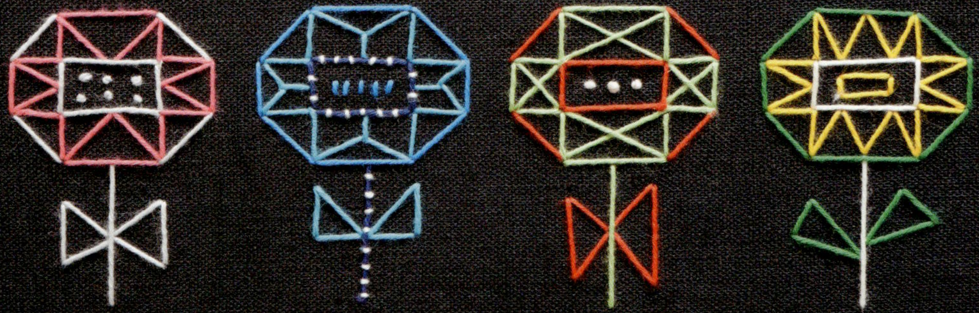

図案 ≫ P.71

花
図案 >>> P.72
山紫陽花
〈やまあじさい〉
小さな藍（愛）を
たくさん集めて。
桜
〈さくら〉
新しい門出の
はじまり、はじまり。
バラ
いつだって
愛していますのしるし。

植物

図案 >>> P.73

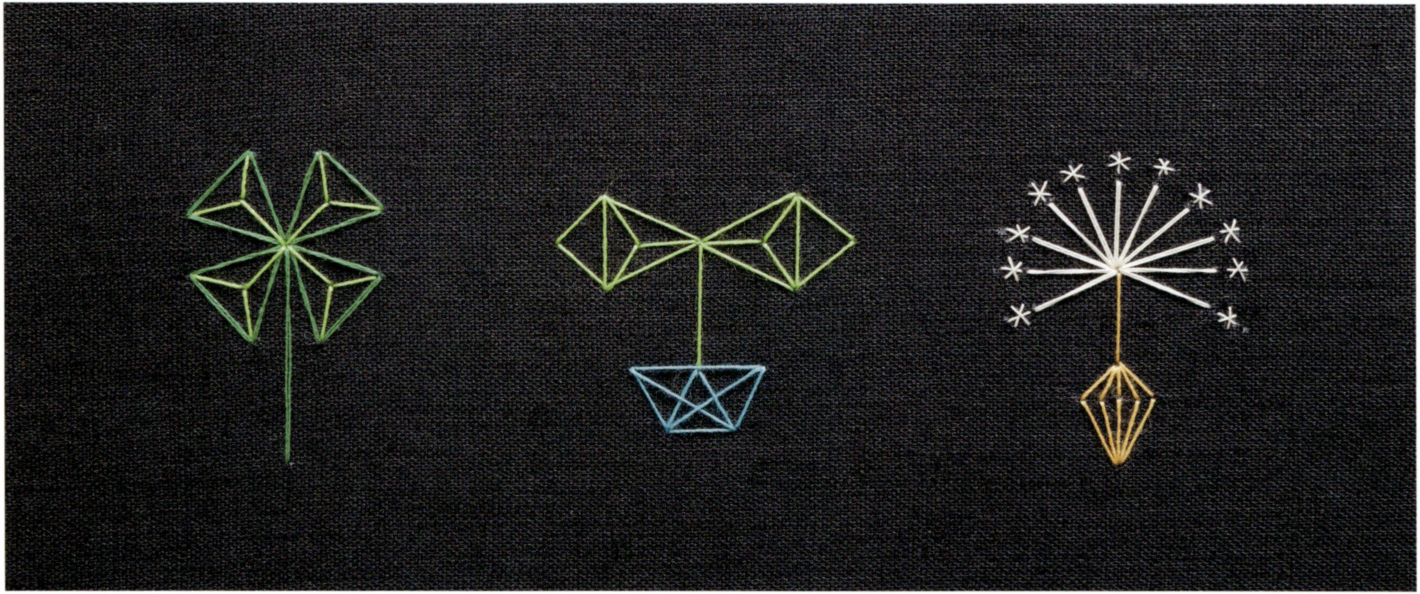

クローバー

必ず見つかる
小さな幸せ。

新芽

小さな才能の芽を
大きく育てよう。

綿毛

どこに行っても
元気に育つたくましさ。

昆虫

図案>>>P.74

アゲハ蝶

自由に飛び立てる
勇気を持って。

蜘蛛の巣

幸せが自然に
引き寄せられる。

蝉〈せみ〉

泣く子は育つ。
泣いてもいいよ。

折り紙

図案 >>> P.75

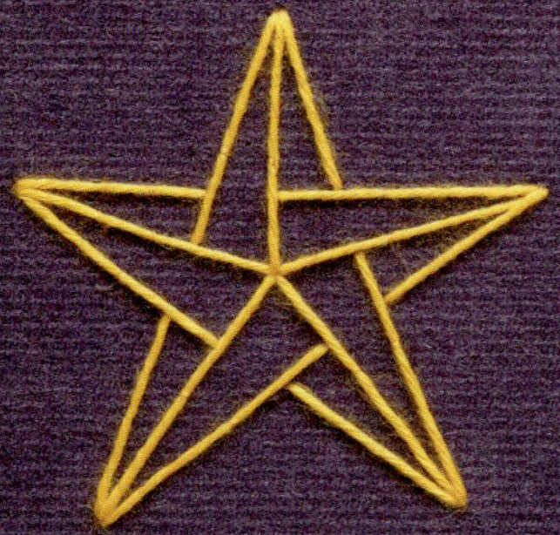

光る星

星に願えば、
夢がかなう。

奴さん

いつもそばにいる
友だちを大切に。

メダル

持ってる力を
ぜんぶ出し切って。

大きな動物

象

大きくて
優しい心を持つ。

図案 >>> P.76

ステゴサウルス

君は
強くてかっこいい!

鳥

図案 ⋙ P.76

羽ばたく鳥

夢を乗せて、
どこまでも高く。

図案 ⋙ P.77

スワン

優雅な姿。でも見えない
ところでがんばる。

富士山

夢はでっかく
日本一。
ころんでも
起き上がって、
てっぺん
目指して登れ。

図案 ≫ P.77〜78

図案≫ P.78～79

アルファベット

子どもの名前や、
愛してるの言葉、励ましの言葉…。
色とりどりの文字を組み合わせて、
心に響くワードを。

紙の背守り刺繍で、季節のあいさつを

背守り刺繍は、紙に刺すこともできます。糸と針と紙さえあればできますからすぐに始められます。手順は、布に刺すときと同じです。

刺し始めと刺し終わりの糸は、紙の裏で玉留めをすればいいのですが、玉がぼこぼこ飛び出しているのが気になるときは、マスキングテープなどを貼って押さえましょう。出来上がった紙の裏全体に同じサイズの他の台紙を貼ると、なおきれいに仕上がります。誕生日などのメッセージカード、年賀状やポストカードなど厚めの紙が刺しやすいです。また、ノートや手帳の表紙に刺すとオリジナルノートが出来上がります。

先の丸い針でも刺せるので、簡単な図案を子どもと一緒に楽しんでもいいですね。思いを込めたかわいい紙刺繍のカードなら、温かな思いが伝わります。

第四章

ちくちく、楽しく

背守り刺繍をしましょう

刺したい背守り図案は見つかりましたか？
ここからは、実際の作り方を説明していきます。
この本で紹介している図案はすべて
同じ手順でできますから順を追って見てください。
道具、布や糸のこと、
刺し方のコツもお見逃しなく。

下準備

図案の点と線を布に描く

まず下準備から。
好きな図案の線と点を布に描きます。
背守り刺繍は、線がまっすぐになると
図案の美しさが際立つので、
このひと手間はとても大事です。
籠目（P11）で説明します。

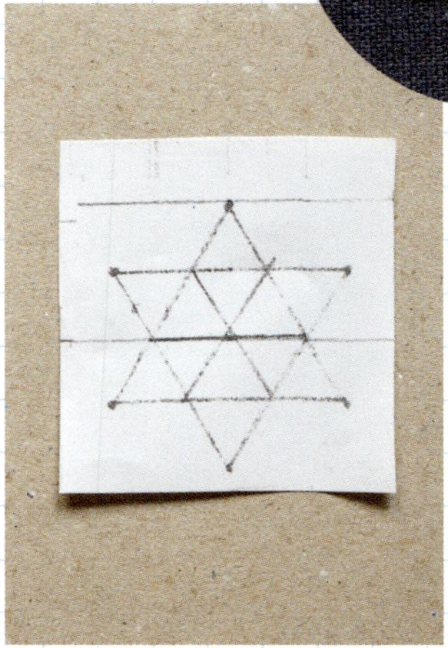

図案（P54～79）に薄紙やトレーシングペーパーを重ねて、点と線を写す。

点に目打ちで穴をあける。点がまっすぐ並ぶように定規を当てる。

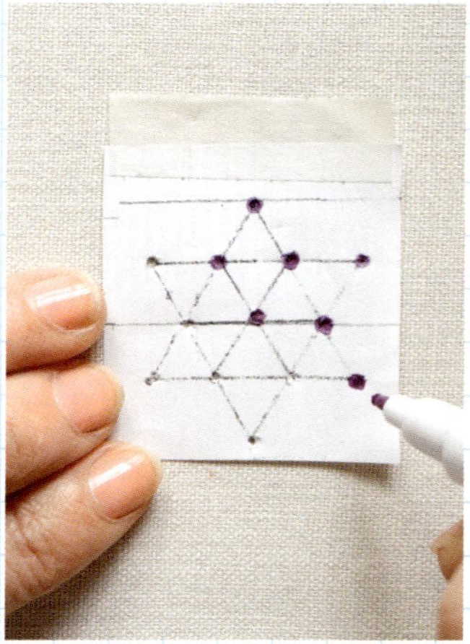

型紙を布に重ね、動かないようにマスキングテープで留めてから、紙の穴の上から点を描く。

紙を外し、曲がらないように定規を当てて点と点を結ぶ線を描く。

下準備ができたところ。

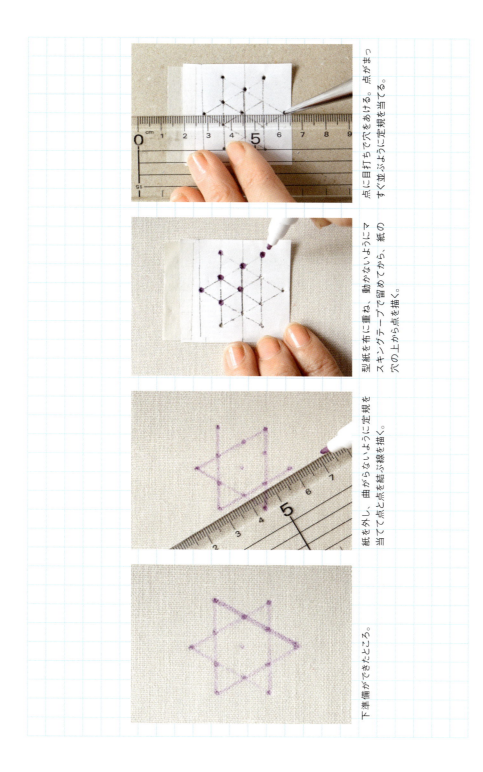

刺繍

点から点へ糸を渡して線にする

下準備ができたら、いよいよ刺繍です。前ページで布に描いた点と点をつなぐようにして、糸を出し入れし、模様を作っていきます。

どこから始めてもOK

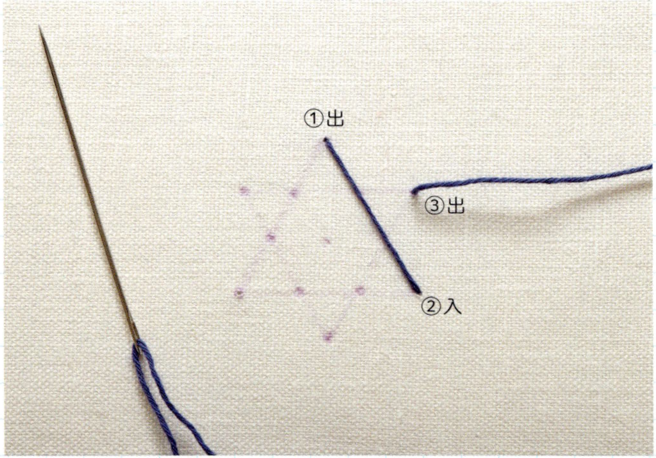

糸端を玉留めしてから（裏はP47左下図参照）、写真のように①に糸を出し、②に入れて最初の線を刺す。どこから始めてもかまわないが、図案の外枠から先に刺していくと全体のイメージがつかめる。
②に入れた糸は、次は③から出す。順番に決まりはないが、このように近い点同士を結んでいくと、糸が短くてすみ、裏側もきれいに仕上がる。

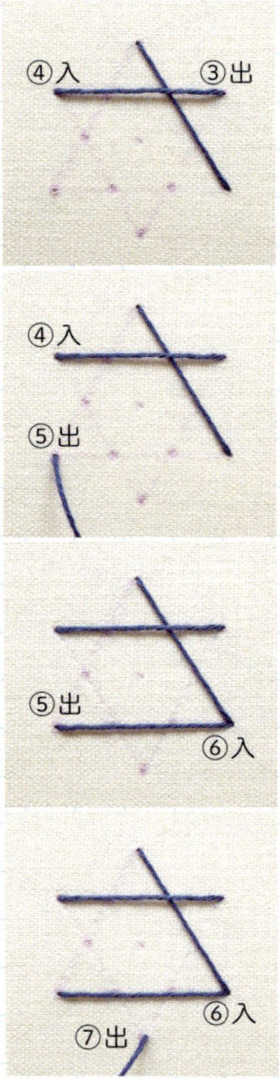

上の要領で、近い点に糸を出し入れしながら線を描いていく。

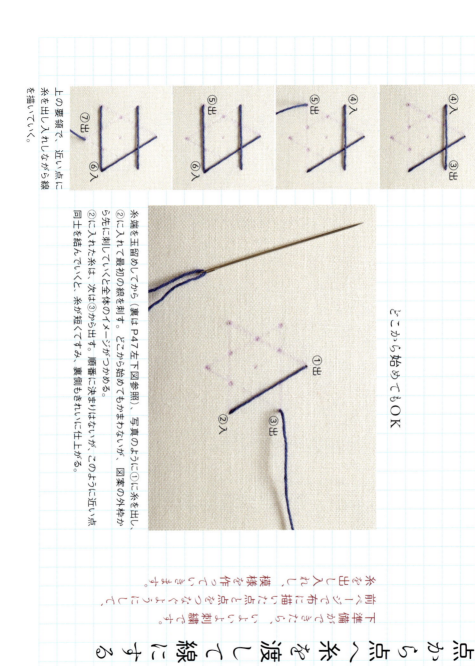

長い糸が交差するときは、糸をくぐらせて

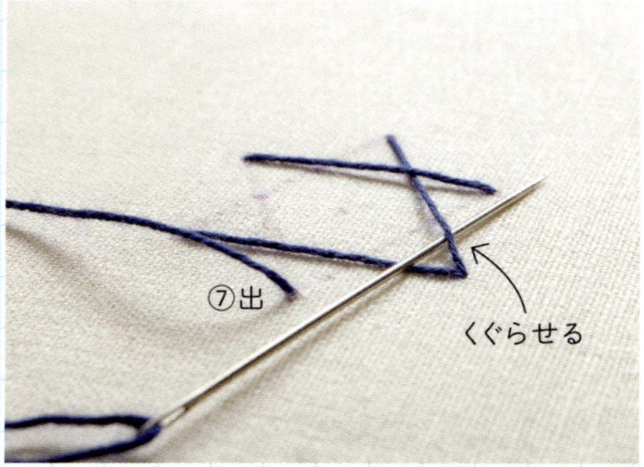

長い糸が動かないように、写真のように針を糸の下にくぐらせる。

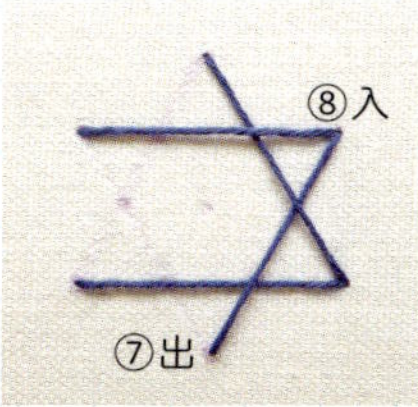

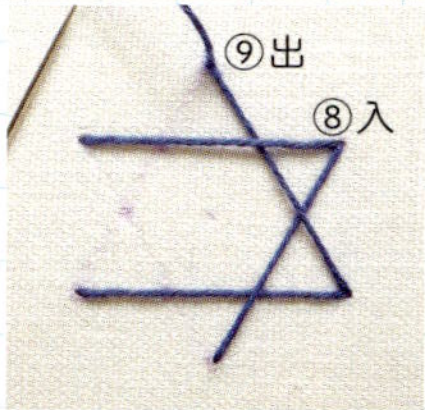

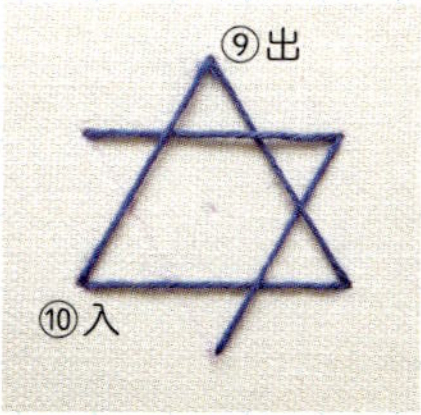

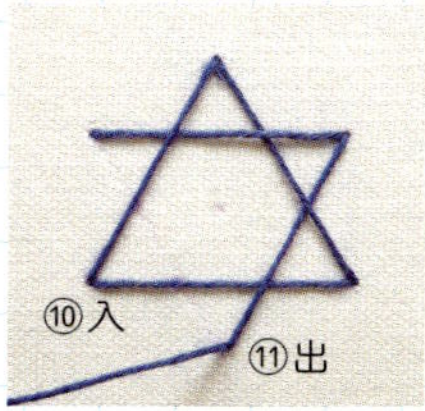

さらに、近い点に糸を出し入れしながら線を描いていく。

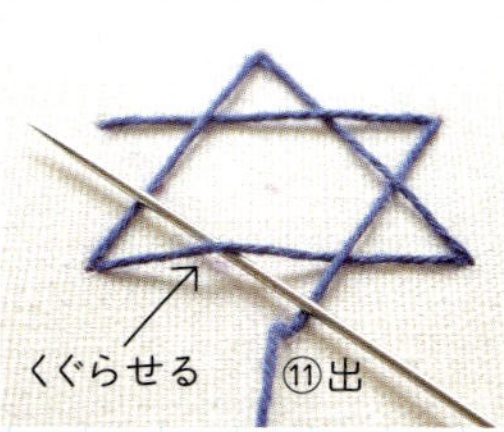

ここも長い糸が交差するところ。糸をくぐらせる。

外枠ができました

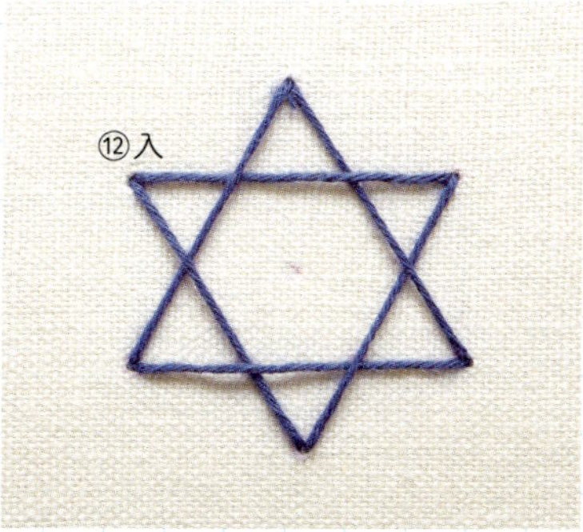

線がまっすぐで、きれいな星形になりました。

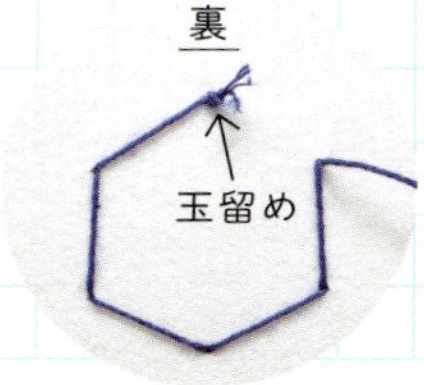

裏側と刺し始め

刺し始めは、玉留めで。糸を出した点から近い点に刺していくと、裏側もきれいに仕上がる。刺し終わりも玉留めに。

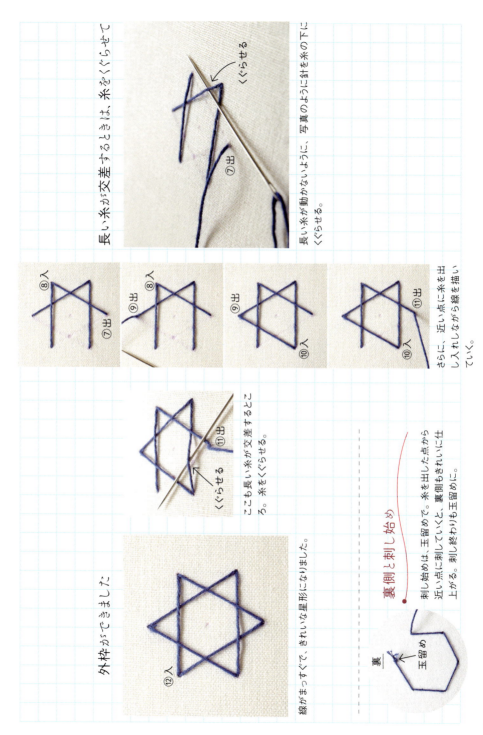

外枠ができたら、枠の中も刺繍しましょう。
進め方はこれまでと同じです。

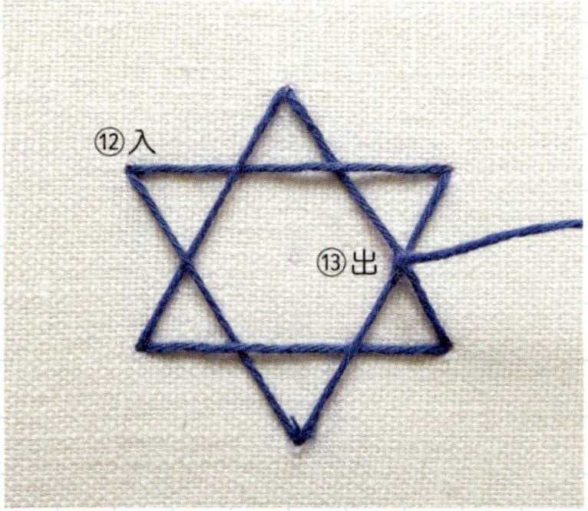

⑬に糸を出し、引き続き刺していく。

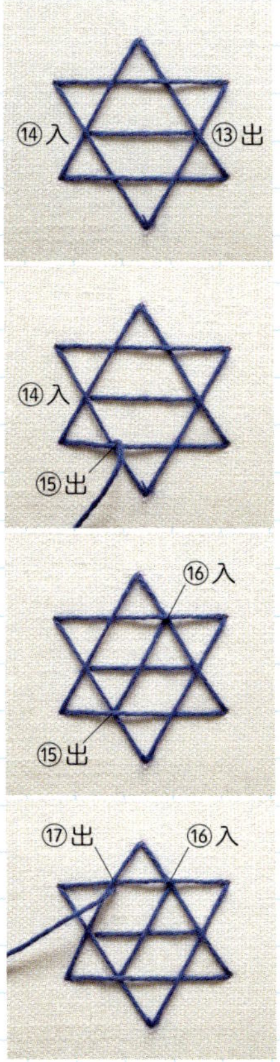

その後も同様に刺す。

籠目の出来上がり！

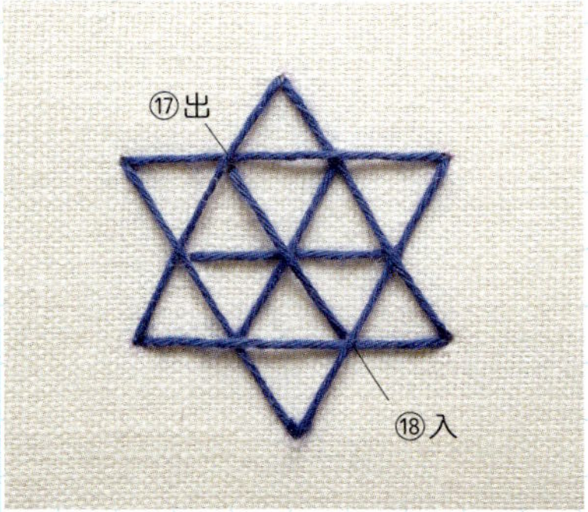

長い糸を編むようにくぐらせてあるので、位置がずれにくく、美しさを長く保てます。

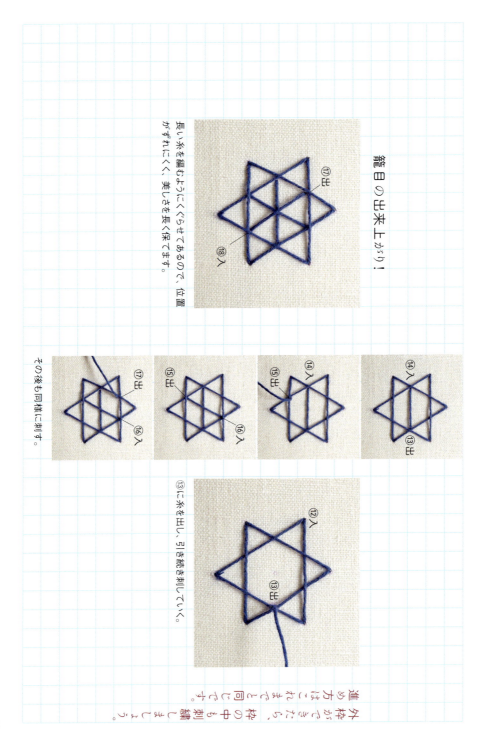

基本の縫い方は二つだけ

線

ストレートステッチ

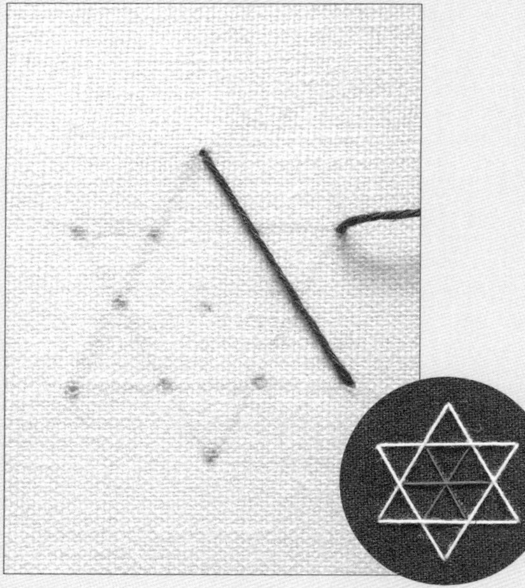

点から糸を出して、近くの点から出すのが基本。糸の方向や長さは変わっても、すべてこの要領で進めます。

線の通りに糸を渡してできた籠目（P11）。

点模様

フレンチナッツステッチ

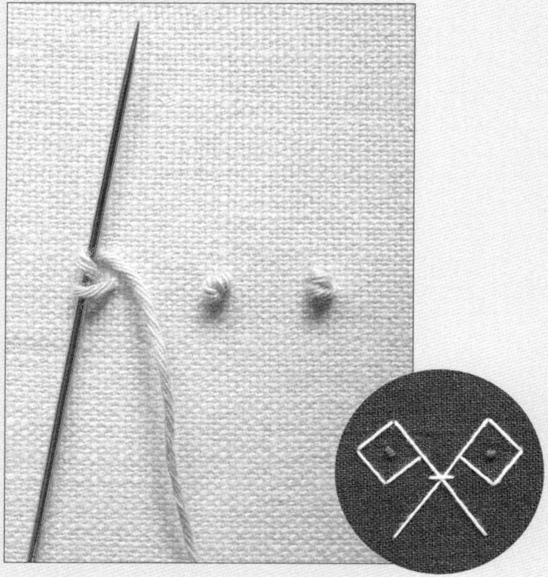

模様の中には、線ではなく糸玉で表現するところがあります。フレンチナッツステッチで刺しましょう。図案（P54 ～ 79）では▲印で示しています。

旗（P11）の中の日の丸をフレンチナッツで刺しています。

材料と道具

身近にある布と糸、裁縫道具でできます。すぐに始められますよ。

下準備の道具

（使い方はP45参照）

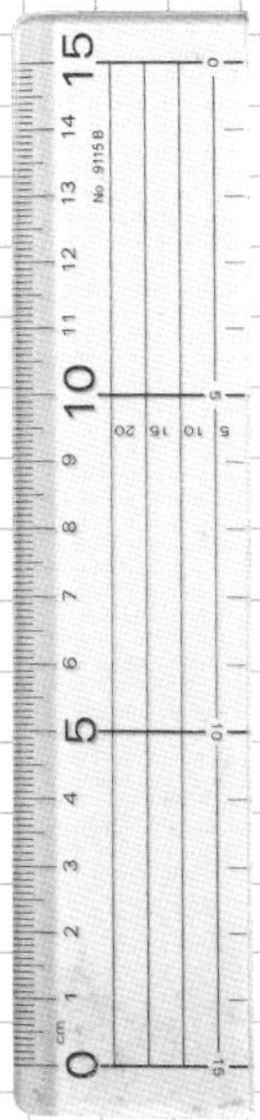

定規

図案を布に写すときに使う。まっすぐにきれいな線を描くための必需品。

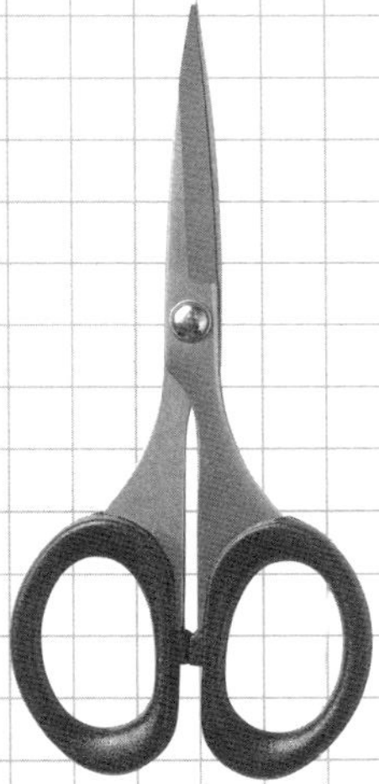

糸切りばさみ

糸を始末するときに使う。

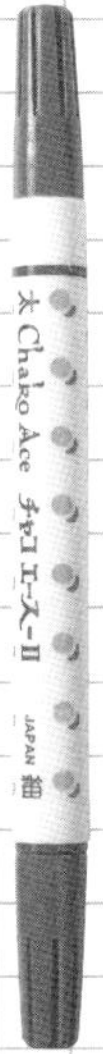

布用のペン

図案を布に写すときに使う。時間がたつと自然に消えるタイプがおすすめ。

目打ち

図案を写した紙に穴をあけるときに使う。

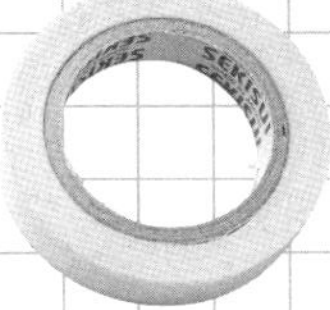

マスキングテープ

図案を写した紙を布に固定するときに。

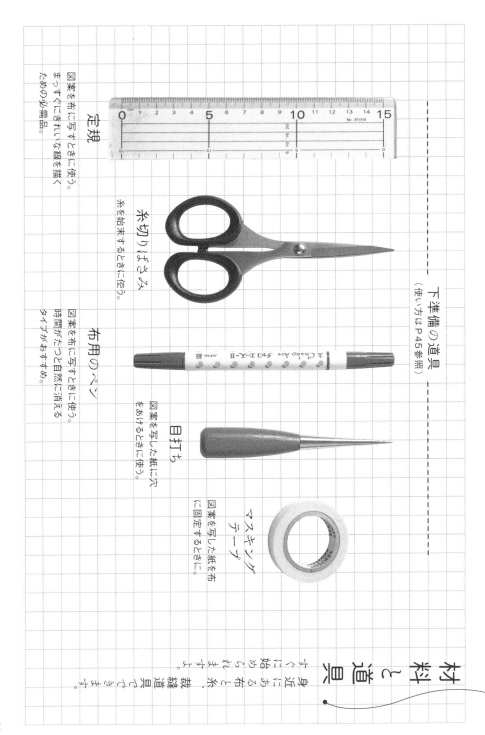

刺繍の道具

（使い方はP46 ～ 49参照）

針

針の長さと太さは、使う布と糸に合わせて使いやすいものを選ぶ。家にあるもので十分。

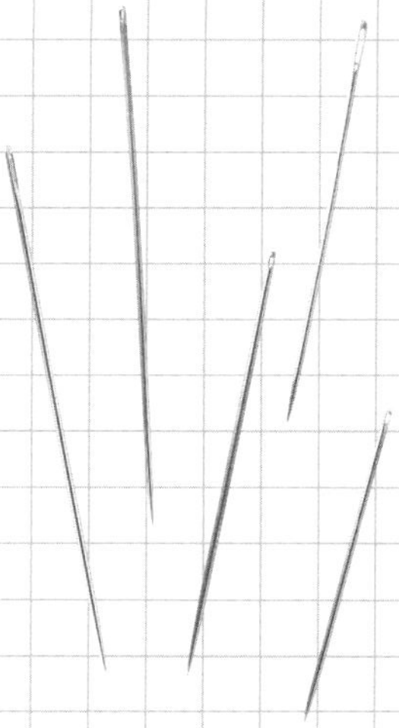

糸

基本は厚い布には太い糸、薄い布には細い糸。写真右側は刺し子用の糸で、ふっくらとした風合いで温かみのある仕上がりになる。また、左側はポリエステルの手縫い糸（ボタン付け糸でも）で、シャープな印象に。刺繍糸や光沢のある絹糸を使っても。1本どりにするか、何本か合わせるかも好みで。

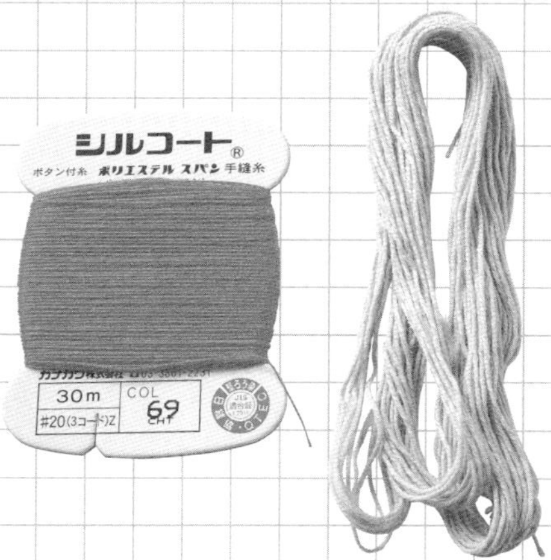

服や小物

Gジャンやコットンシャツ、浴衣、甚平などが縫いやすくおすすめ。伸縮性のある薄手のTシャツなどは、縫いづらいようなら裏に接着芯を貼るとしっかり仕上がる。

きれいに仕上げるコツ

糸が集まるところや交差するところの縫い方です。このひと手間で美しさにぐんと差が出ます。

❶ 糸がたくさん交差するところ

短い糸を渡して交差点がずれないように押さえる。

❷ 糸が集まるところ

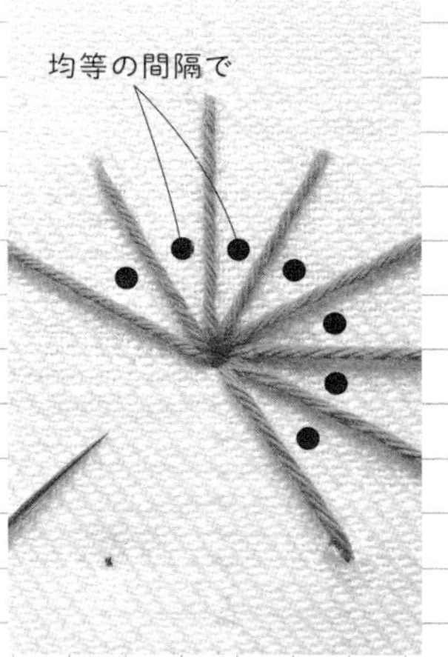

ひとつの穴に糸がたくさん集まるところは、糸ができるだけ重ならないように、きれいな放射状に広がるよう意識する。

❸ 長い糸を別の糸で抑える

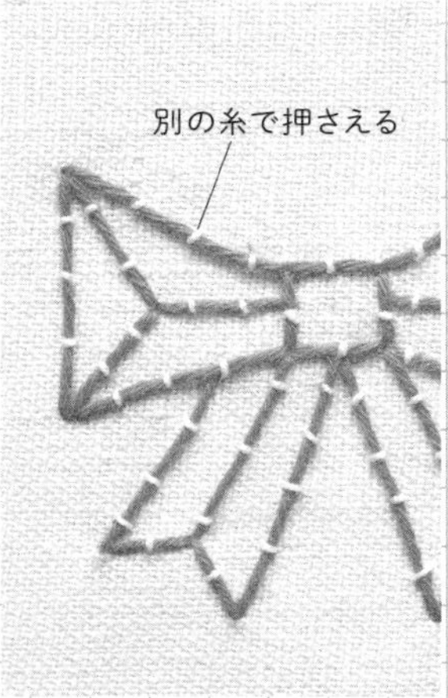

長い糸がたるむのが気になる場合は、別の糸でところどころ押さえるときれいな線が保てて、デザインにもなる。

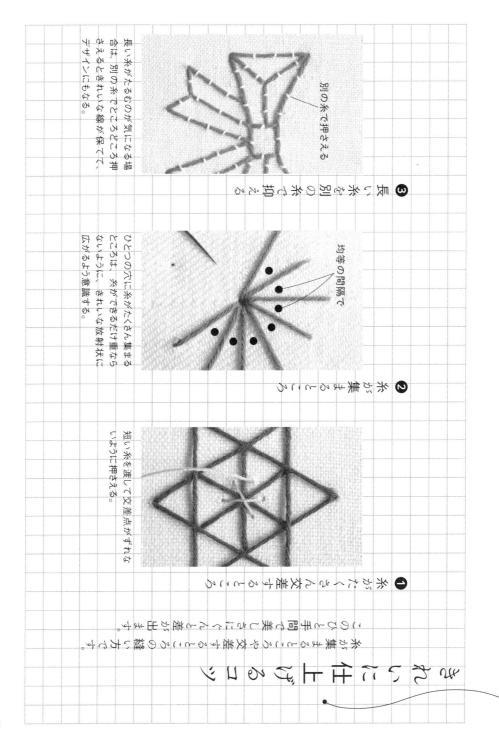

❹ 分けて刺し、長い1本の線に見せる

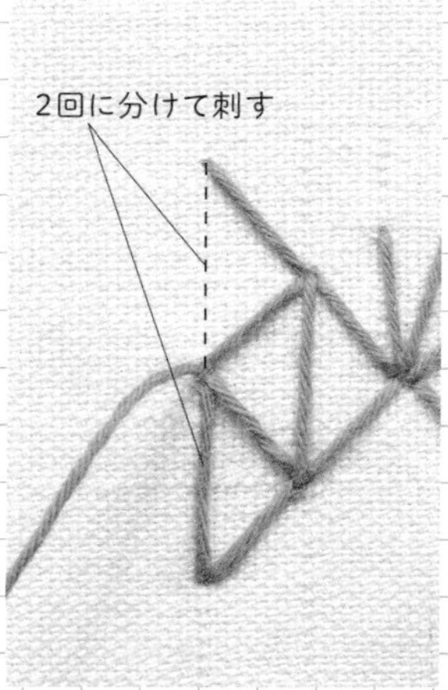

返し縫いをするように短い糸をつないで、1本の長い線のように見せてもかまわない。

❺ 糸を割ってきれいな線にする

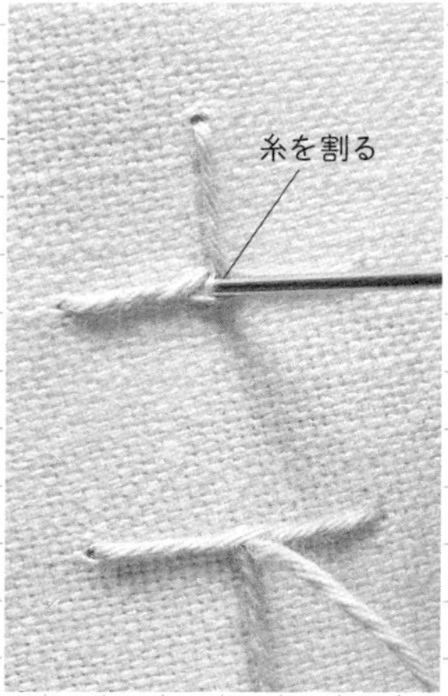

糸が垂直に交わるところは、線がまっすぐつながるように、針で糸を割るようにするとよい。

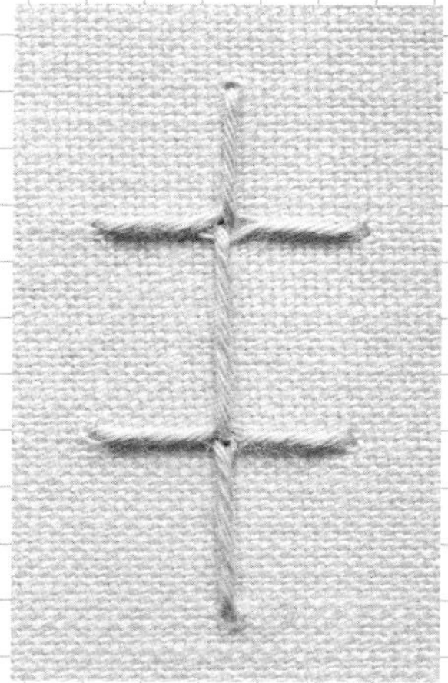

❻ 糸の太さや色を変えて楽しもう

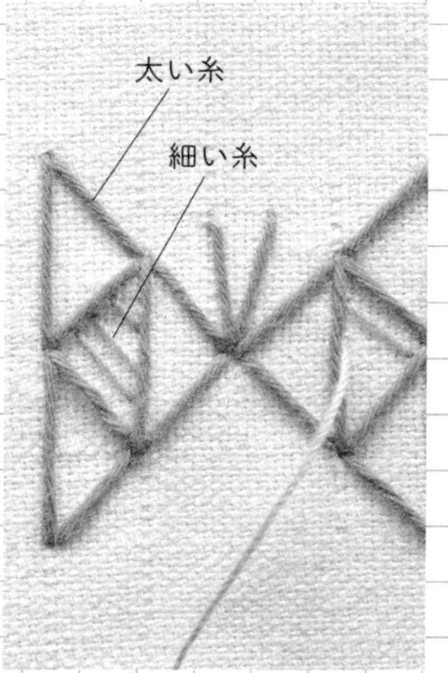

蝶の羽模様に、輪郭より細い違う色の糸を使用。こんな風に図案を自由にアレンジしてみて。

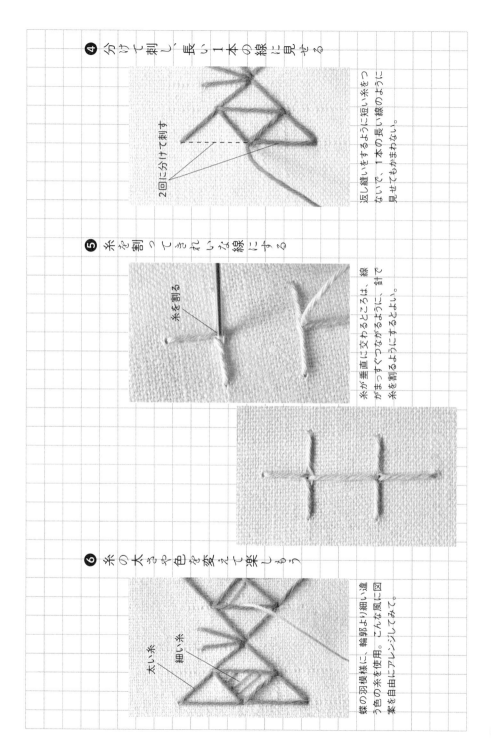

図案集

この本で紹介している背守り図案です。薄紙やトレーシングペーパーなどに写して使いましょう。実物大で示されていますが、拡大や縮小をしてサイズを変えても。P8～42の作品の写真と合わせてご覧ください。

第一章◆伝承柄

図内の記号
● 糸を出し入れするところ
▲ フレンチナッツステッチ

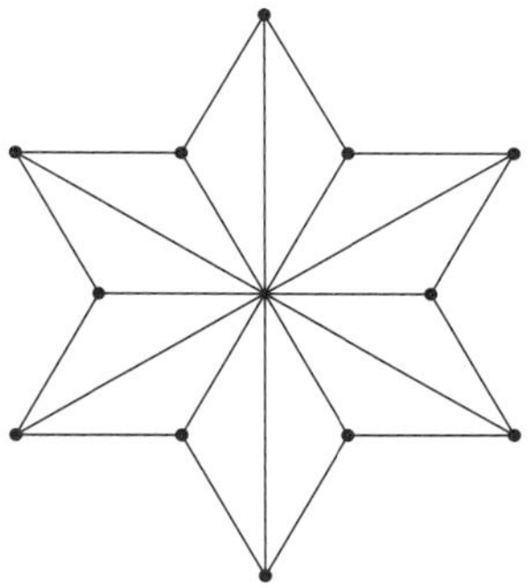

麻の葉 ▶▶▶p.8

■ 外枠の線から刺し始めると形を作りやすい。
■ 中心から放射状に広がる糸の間隔を均等に（P52-❷参照）。
■ 糸＝ 刺し子用細い糸1本どり

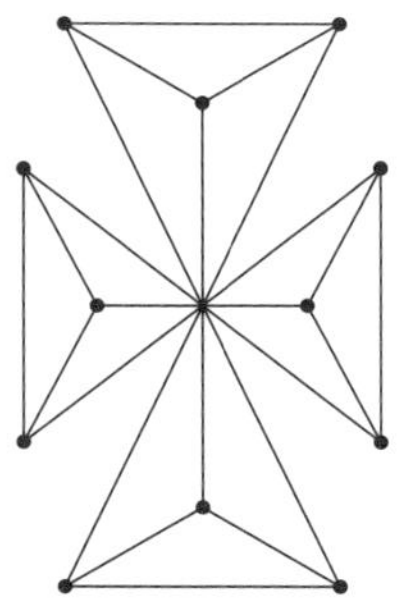

独楽 ▶▶▶p.9

■ 外枠の線から刺し始めると形を作りやすい。
■ 中心から放射状に広がる糸の間隔を均等に（P52-❷参照）。
■ 糸＝刺し子用細い糸1本どり

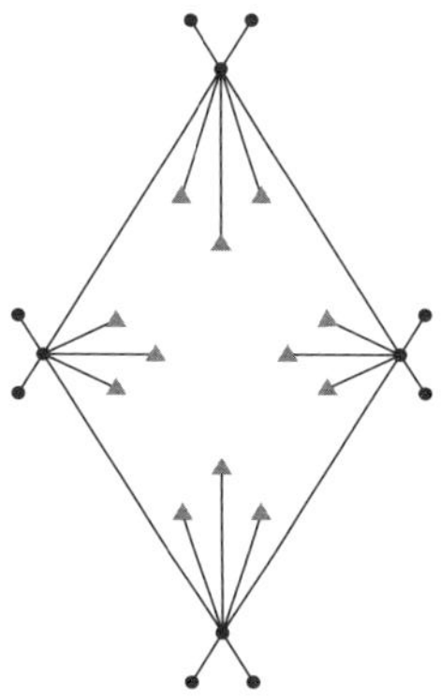

菱 ▶▶▶p.9

■ 外枠のの線から刺し始めると作りやすい。
■ ▲印はフレンチナッツステッチで。
■ 糸＝ 刺し子用1本どり

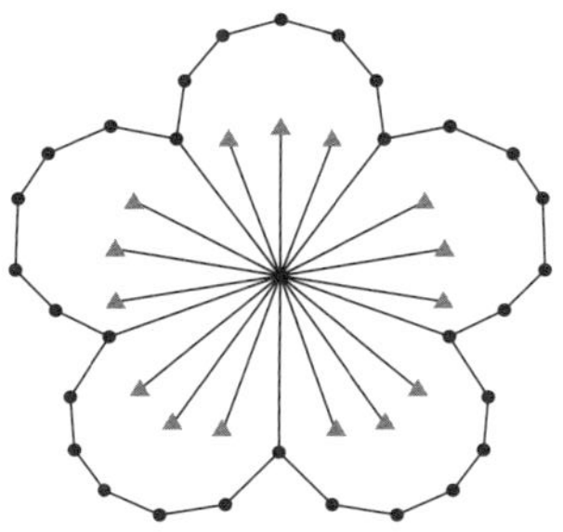

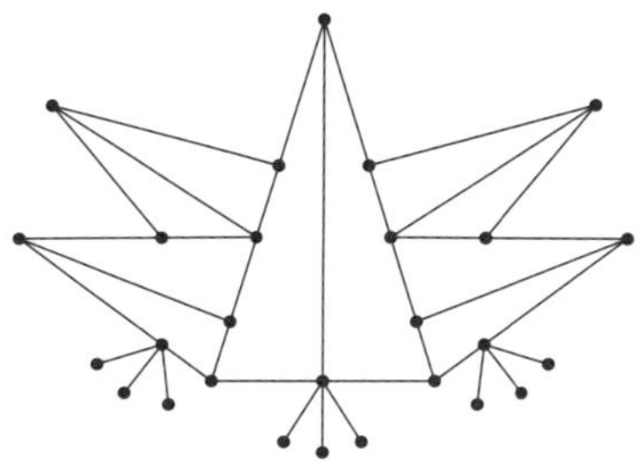

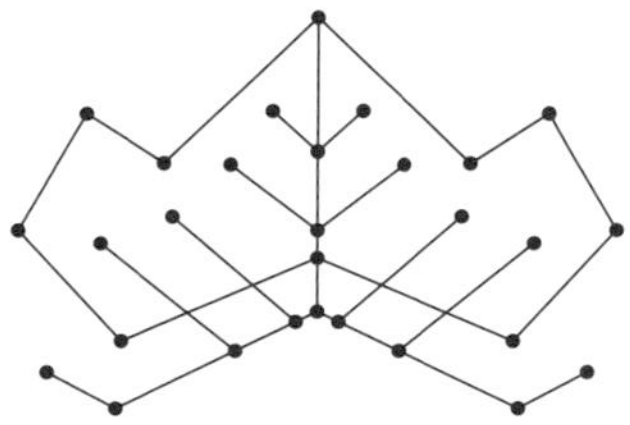

梅 ▶▶▶p.10

■ 花びらをあらわす外枠は
短い線をつないで曲線に。
おしべは細い糸で変化をつける（P53-❻）。
■ おしべの先はフレンチナッツステッチ。

糸＝花びら・刺し子用細い糸1本どり、
おしべ・手縫い用1本どり

竹 ▶▶▶p.10

■ 長い線から刺し始めると形を作りやすい。
■ 糸＝刺し子用細い糸1本どり

松 ▶▶▶p.10

■ 葉をあらわす外枠の
線から刺し始めると形を作りやすい。
■ 葉と枝の色を変えると楽しい
（P53-❻）。
■ 糸＝刺し子用細い糸1本どり

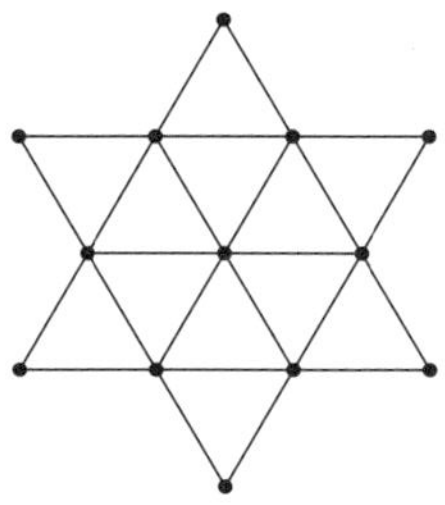

籠目 ▶▶▶p.11

■ 外枠の線から刺し始めると作りやすい。
■ 輪郭を太い糸で、帆の中の模様を細い糸にして表情を出す(P53-❻)。

糸＝輪郭・刺し子用細い糸1本どり、
模様・手縫い用細い糸1本どり

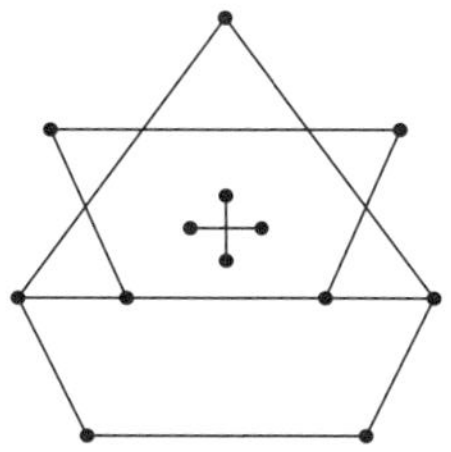

帆掛け船 ▶▶▶p.11

■ 外枠の線から刺し始めると形を作りやすい。
■ 輪郭を太い糸で、帆の中の模様を細い糸にして表情を出す(P53-❻)。

糸＝輪郭・刺し子用細い糸1本どり、
模様・手縫い用細い糸1本どり

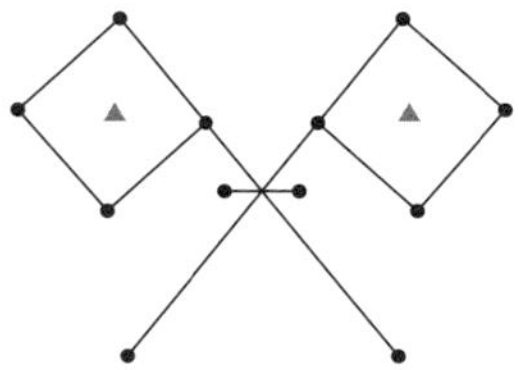

旗 ▶▶▶p.11

■ 外枠の線を白に、旗の中の点を赤にして表情を出す(P53-❻)。
■ 旗の中はフレンチナッツステッチで刺す。

糸＝輪郭・刺し子用細い糸1本どり、
模様・手縫い用1本どり

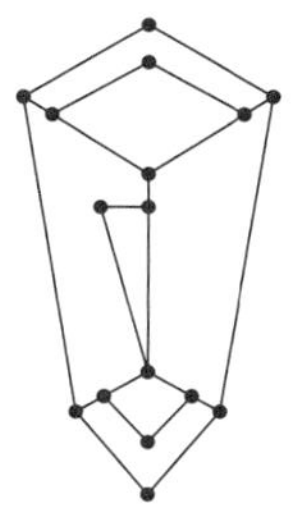

のし ▶▶▶p.11

- 外枠の線から刺し始めると形を作りやすい。
- 輪郭を太い糸で、模様を細い糸にして表情を出す(P53-❻)。

糸＝輪郭・刺し子用細い糸1本どり、
模様・手縫い用細い糸1本どり

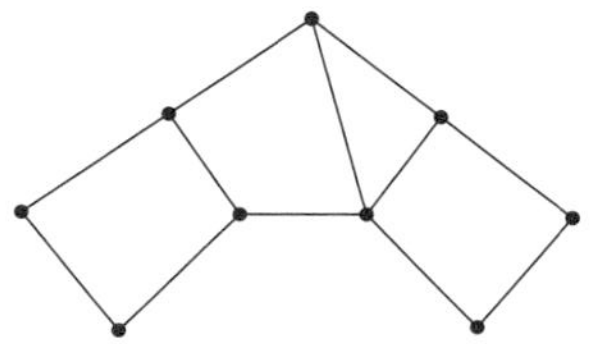

結び文 ▶▶▶p.11

- 外枠の線から刺し始めると形を作りやすい。
- 輪郭を太い糸で、模様の斜め線を細い糸にして表情を出す(P53-❻)。

糸＝輪郭・刺し子用細い糸1本どり、
模様・手縫い用細い糸1本どり

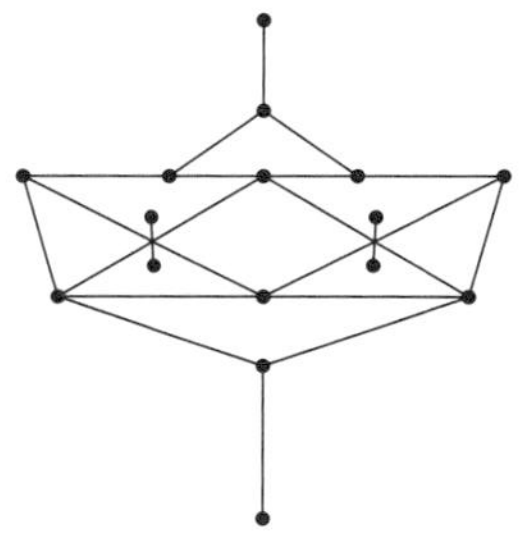

回る独楽 ▶▶▶p.11

- 外枠の線から刺し始めると形を作りやすい。
- 輪郭を太い糸で、模様を細い糸にして表情を出す(P53-❻)。

糸＝輪郭・刺し子用細い糸1本どり、
模様・手縫い用細い糸1本どり

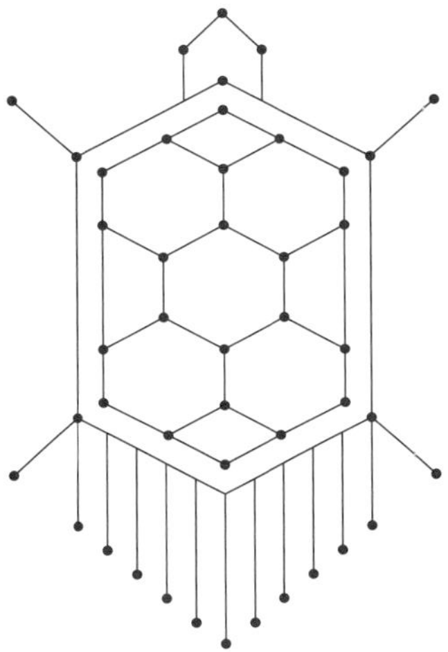

亀 ▶▶▶p.12

▶▶▶p.12

- 外枠の線から刺し始めると形を作りやすい。
- 線が交差するところは
  糸を割って角をきれいに（P53-❺参照）。

糸＝刺し子用細い糸1本どり

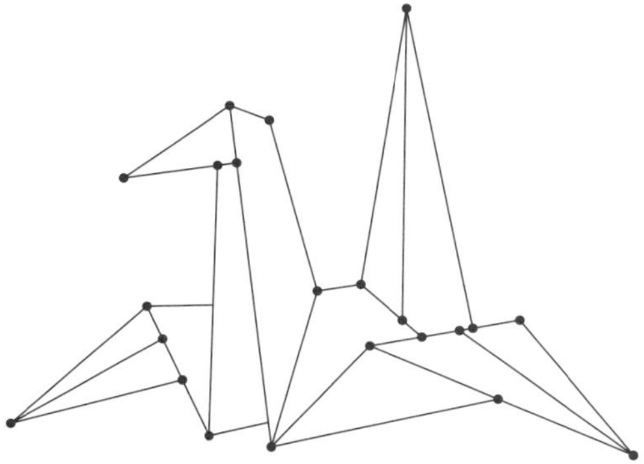

折り鶴 ▶▶▶p.12

- 外枠の線から刺し始めると形を作りやすい。

糸＝刺し子用細い糸1本どり

動物

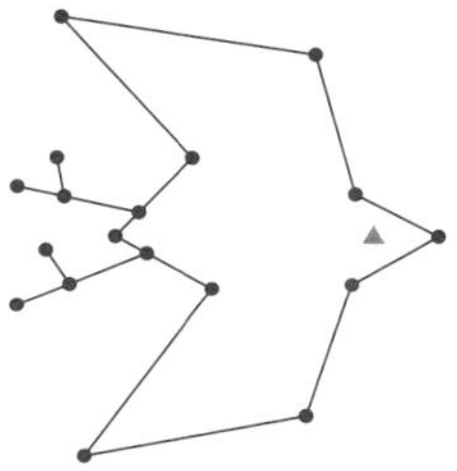

千鳥 ▶▶▶p.13

- 外枠の線から刺し始めると形を作りやすい。
- 目はフレンチナッツステッチで刺す。

糸＝刺し子用細い糸1本どり

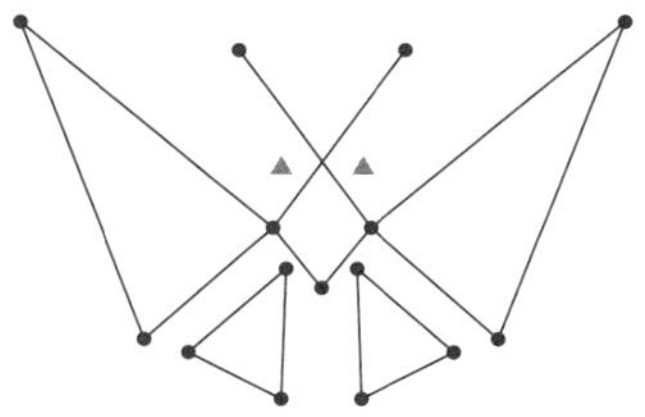

蝶々 ▶▶▶p.13

- 目はフレンチナッツステッチで刺す。

糸＝刺し子用細い糸1本どり

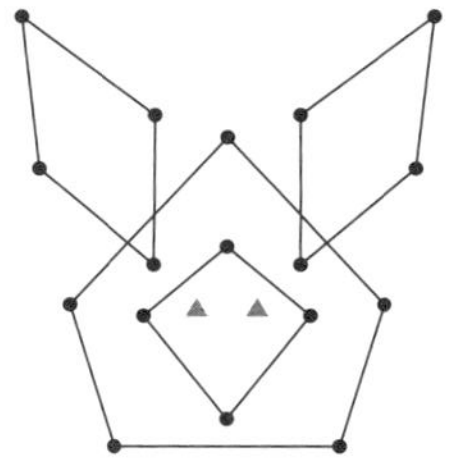

兎 ▶▶▶p.13

- 目はフレンチナッツステッチで刺す。

糸＝刺し子用細い糸1本どり

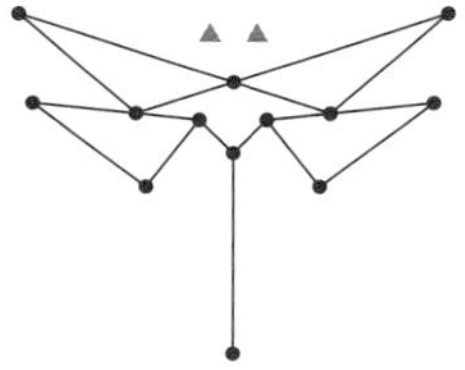

蜻蛉 ▶▶▶p.13

- 目はフレンチナッツステッチで刺す。

糸＝刺し子用細い糸1本どり

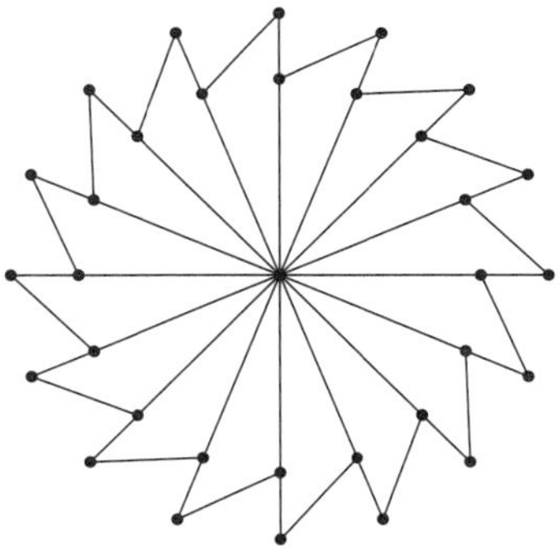

十六枚羽根 ▶▶▶p.14

■ 中心から放射状に広がる
糸の間隔を均等に（P52-❷参照）。

糸＝刺し子用1本どり

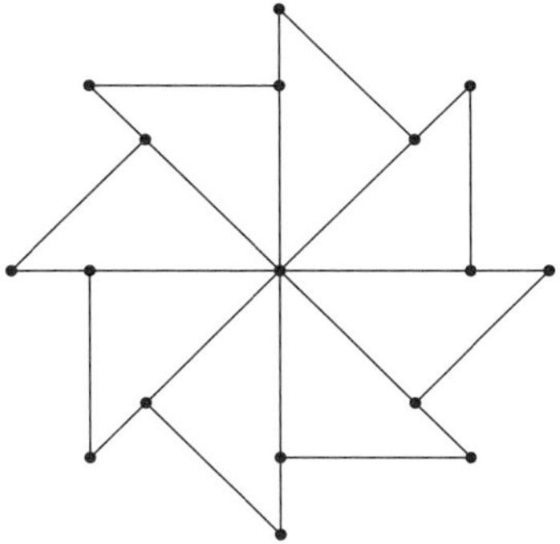

八枚羽根 ▶▶▶p.14

■ 中心から放射状に広がる
糸の間隔を均等に（P52-❷参照）。

糸＝刺し子用1本どり

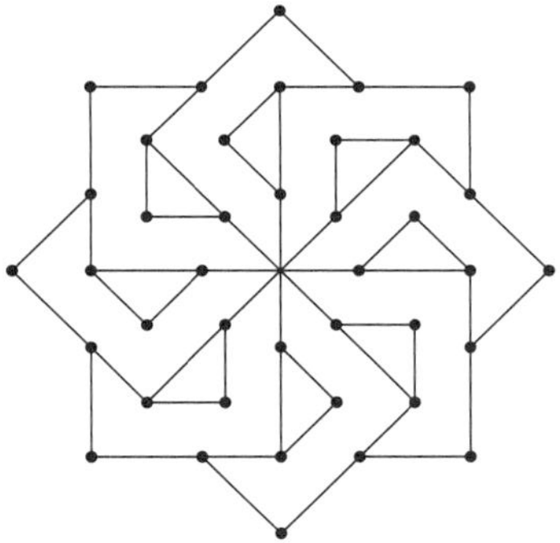

重ね羽根 ▶▶▶p.14

■ 中心から放射状に広がる
糸の間隔を均等に（P52-❷参照）。

糸＝刺し子用1本どり

幾何学模様

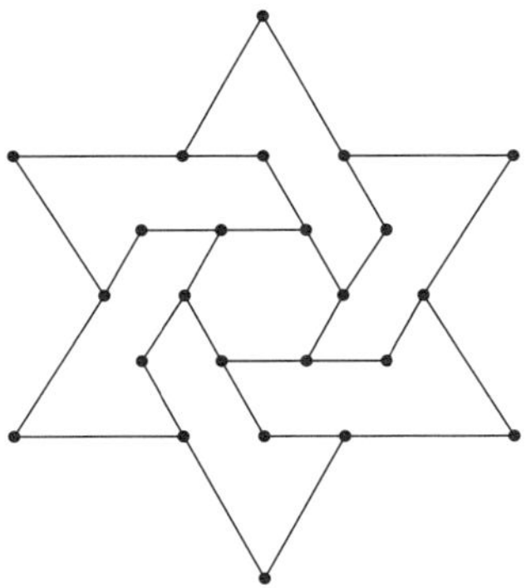

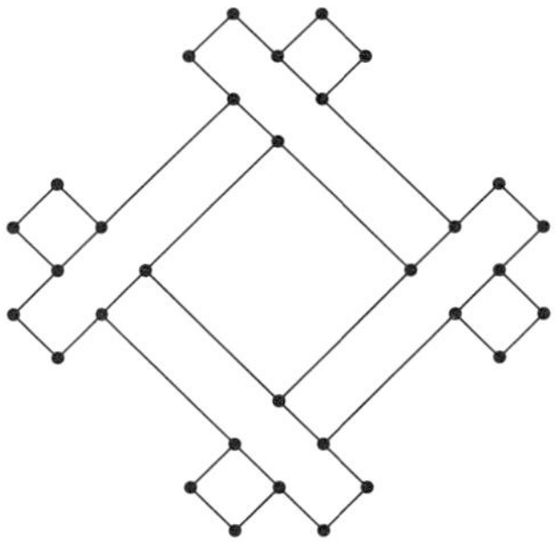

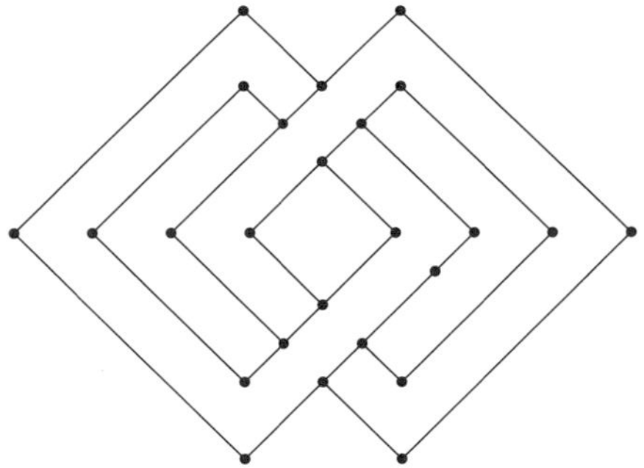

星 ►►►p.15

■ 外枠の線から刺し始めると形を作りやすい。

糸＝刺し子用１本どり

井桁 ►►►p.15

■ 外枠の線から刺し始めると形を作りやすい。

糸＝刺し子用１本どり

桝 ►►►p.15

■ 外枠の線から刺し始めると形を作りやすい。

糸＝刺し子用１本どり

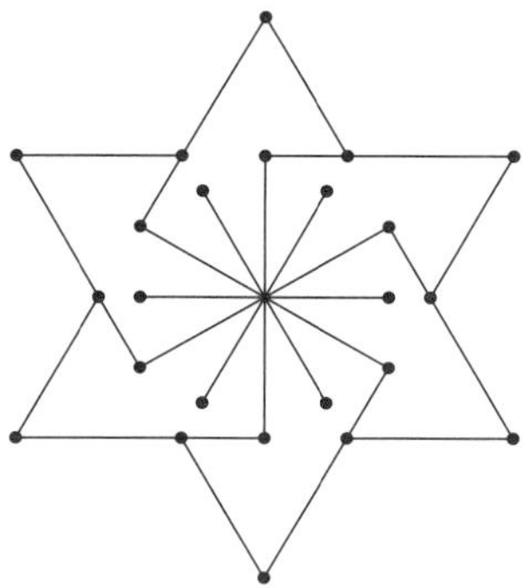

鉄線 ▶▶▶p.17

■ 外枠の線から刺し始めると形を作りやすい。
■ 花びらの模様は、色を変えて表情を出す（P53-❻）。

糸＝輪郭・刺し子用1本どり、
模様・刺し子用2本どり

菊 ▶▶▶p.16

■ 外枠の線から刺し始めると形を作りやすい。
■ 花びらの模様は、色を変えて表情を出す(P53-❻)。
■ 中心から放射状に広がる糸の間隔を均等に（P52-❷参照）。

糸＝輪郭・刺し子用1本どり、
模様・手縫い用2本どり

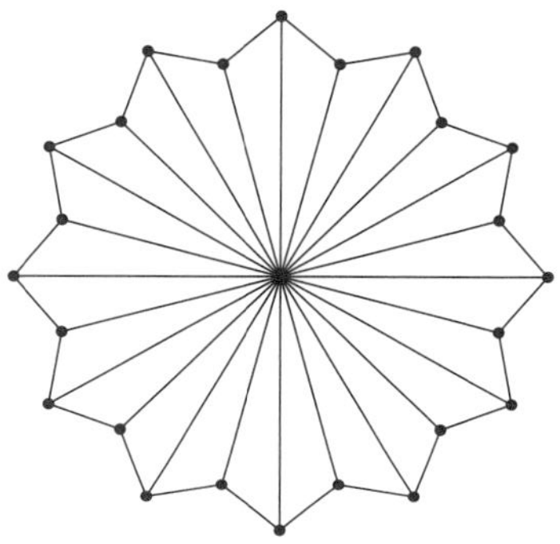

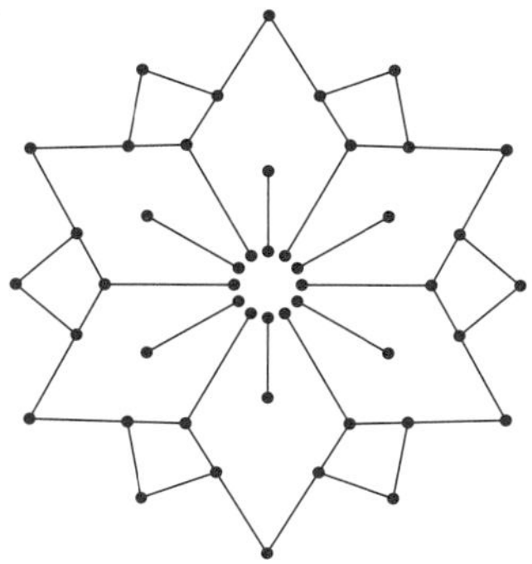

桃 ▶▶▶p.16

■ 外枠の線から刺し始めると形を作りやすい。
■ 花びらの模様は、色を変えて表情を出す(P53-❻)。

糸＝輪郭・刺し子用1本どり、
模様・手縫い用2本どり

紫陽花 ▶▶▶p.17

■ 外枠の線から刺し始めると
形を作りやすい。
■ 花びらの模様は、
細い糸を使い、
色を変えて表情を出す（P53-❻）。

糸＝輪郭・刺し子用1本どり、
模様・手縫い用1本どり

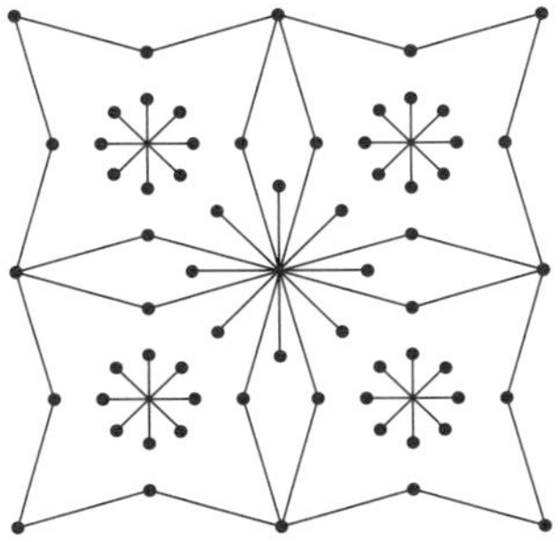

第二章◆点結びの柄

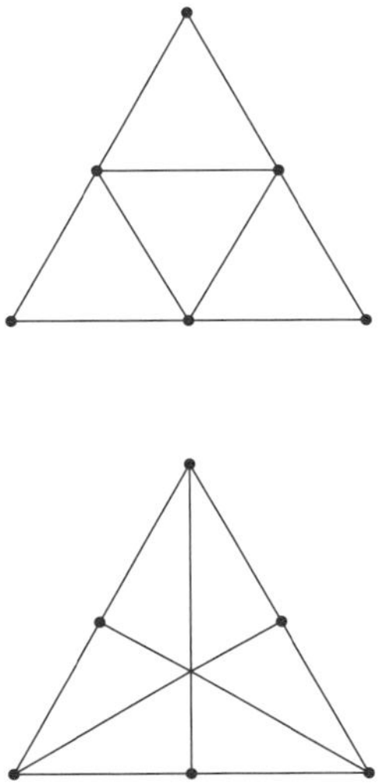

三角形 ▶▶▶p.21

■ 好きな点に針を入れ、近い点に出す。
これを繰り返して形を作る。
■ 長い糸が交差するところは、
糸をくぐらせてたるまないようにする
（P47）。

糸＝刺し子用1本どり

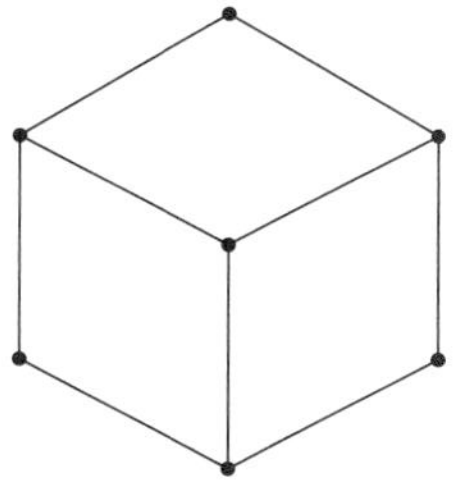

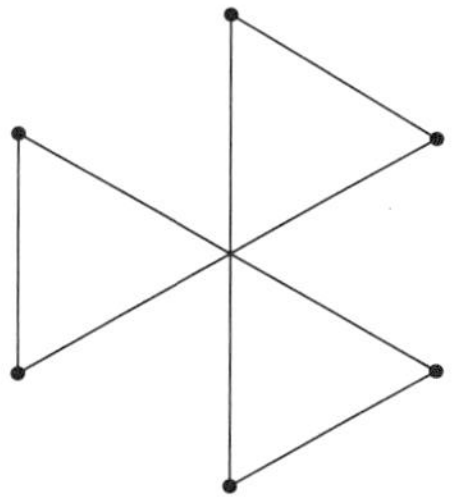

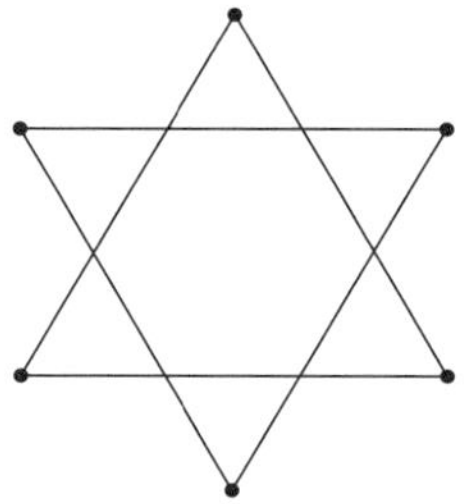

六角形 ▶▶▶p.22

■ 好きな点に針を入れ、近い点に出す。これを繰り返して形を作る。
■ 長い糸が交差するところは、
糸をくぐらせてたるまないようにする（P47）。

糸＝刺し子用1本どり

八角形

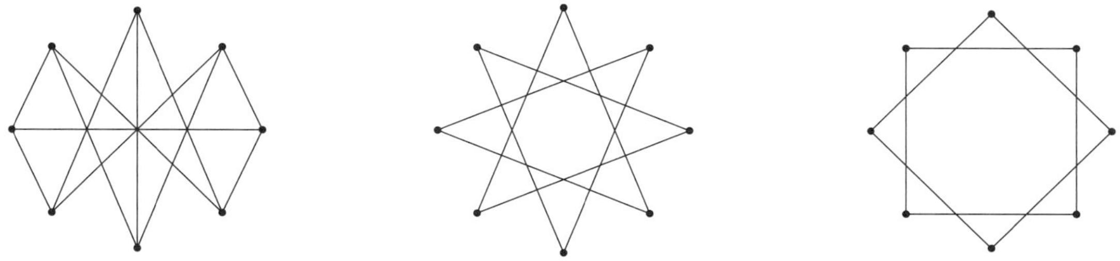

八角形 ►►►p.23

- 好きな点に針を入れ、近い点に出す。これを繰り返して形を作る。
- 長い糸が交差するところは、
  糸をくぐらせてたるまないようにする（P47）。

糸＝刺し子用1本どり

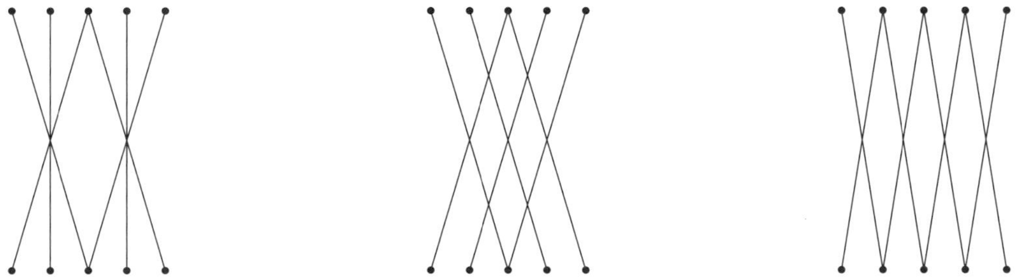

上下 ▶▶▶p.24

- 好きな点に針を入れ、対面の点に出す。これを繰り返して形を作る。
- 糸が長いので、交差するところに上から短い糸で押さえてたるまないようにするとよい（P52-❶、P24の作品参照）。

糸＝刺し子用1本どり

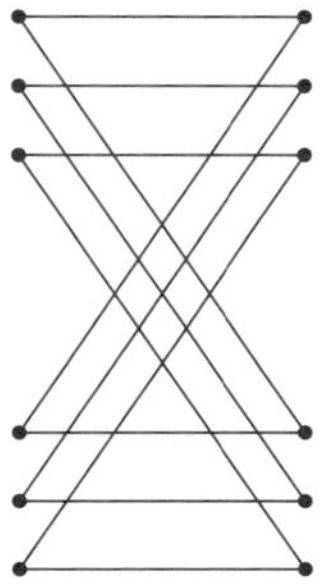

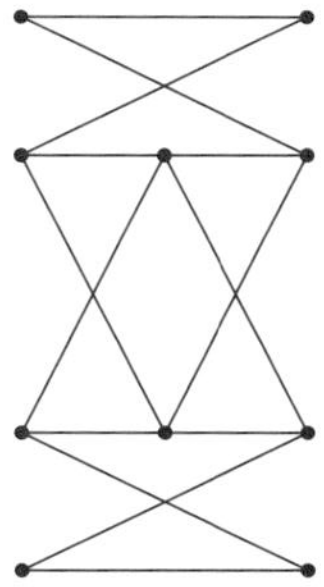

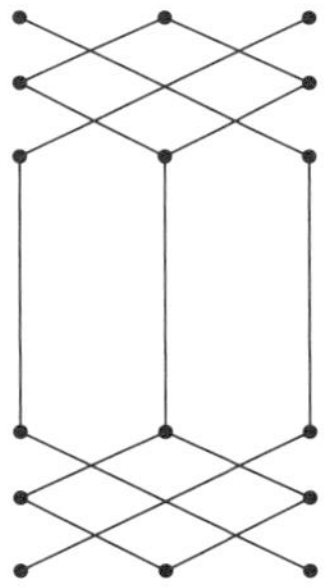

長方形 ▶▶▶p.25

■ 好きな点に針を入れ、近い点に出す。これを繰り返して形を作る。
■ 長い糸が交差するところは、糸をくぐらせてたるまないようにする（P47）。

糸＝刺し子用1本どり

女の子

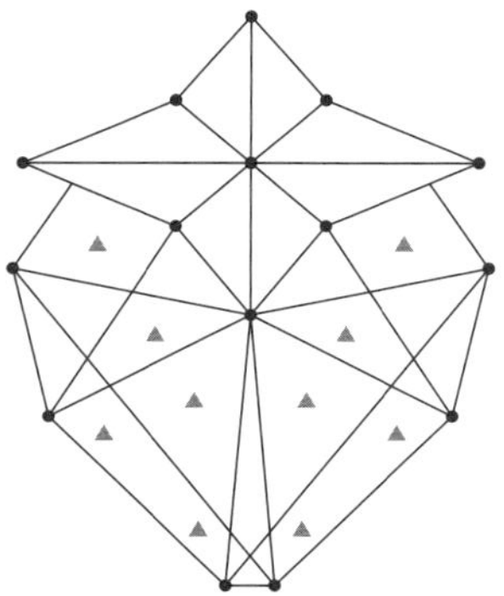

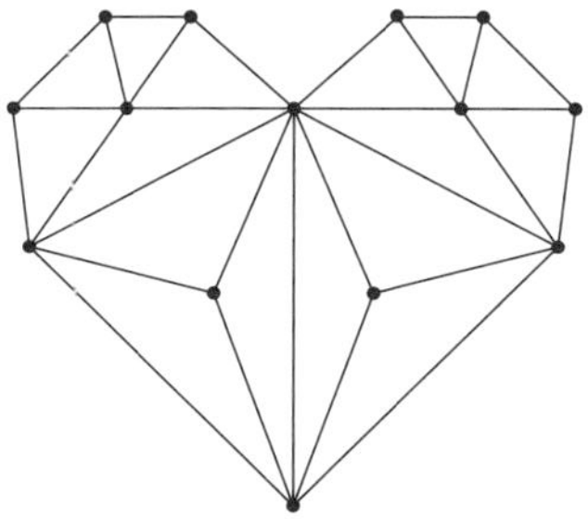

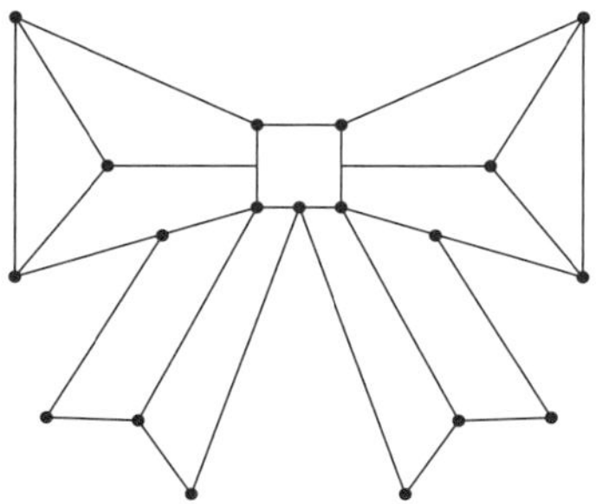

いちご ▶▶▶p.30

■ 外枠の線から刺し始めると形を作りやすい。
■ 葉と実、種の糸の色を変えると楽しい（P53-❻参照）。
■ 種はフレンチナッツステッチで刺す。

糸＝刺し子用1本どり

ハート ▶▶▶p.30

■ 外枠の線から刺し始めると形を作りやすい。

糸＝刺し子用1本どり

リボン ▶▶▶p.30

■ 外枠の線から刺し始めると形を作りやすい。
■ 作品では長い糸を細い手縫い用糸でところどころ上から押さえてたるみを防ぎ、飾りにしている（P52-❸参照）。

糸＝輪郭・刺し子用1本どり

男の子

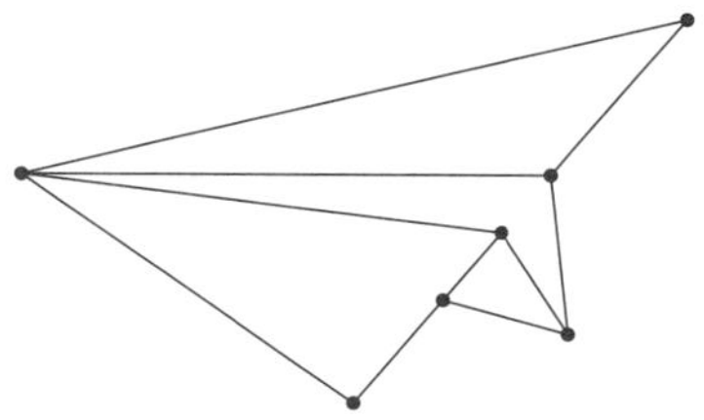

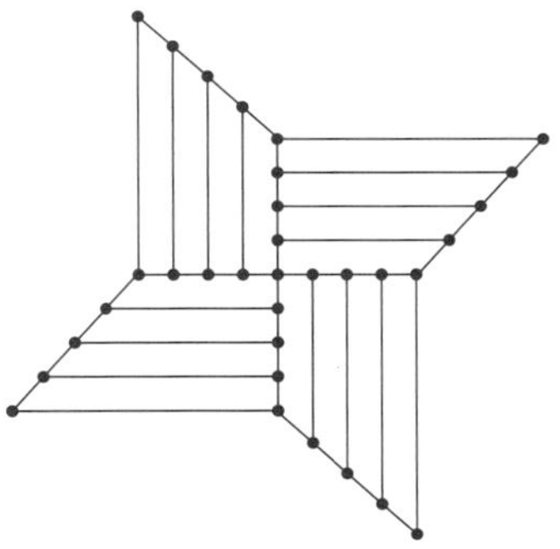

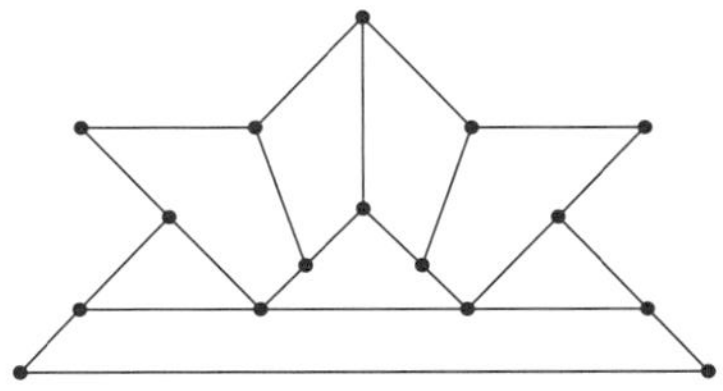

紙飛行機 ▶▶▶p.31

■ 外枠の線から刺し始めると形を作りやすい。
■ 作品では長い糸をところどころ別の糸で上から押さえ、たるみを防いでいる（P52-❸参照）。

糸＝輪郭・刺し子用1本どり

手裏剣 ▶▶▶p.31

■ 2色の糸を使うと楽しい。
■ 作品では長い糸をところどころ別の糸で上から押さえ、たるみを防いでいる（P52-❸参照）。

糸＝輪郭・刺し子用1本どり

兜 ▶▶▶p.31

■ 上下で糸の色を変えると楽しい（P53-❻参照）。
■ 作品では長い下の横線はところどころ別の糸で上から押さえ、たるみを防いでいる（P52-❸参照）。

糸＝輪郭・刺し子用1本どり

色鉛筆

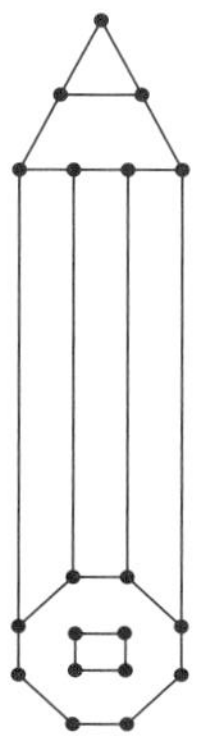

大きな木と家

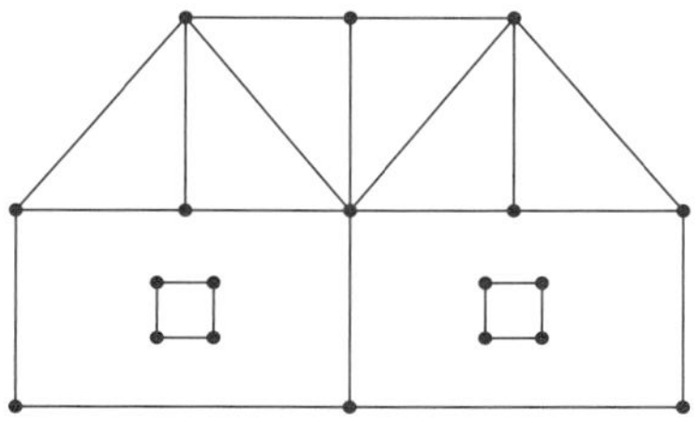

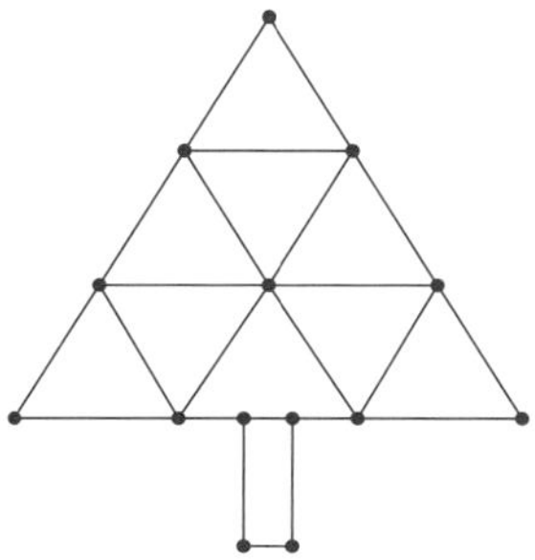

色鉛筆 ▶▶▶p.33

■ 外枠の線から刺し始めると形を作りやすい。
■ 鉛筆の表面や芯の糸の色を変えると楽しい（P53-❻参照）。
■ 作品では長い糸をところどころ細い手縫い用糸で上から押さえ、たるみを防いでいる（P52-❸参照）。

糸＝刺し子用1本どり

家 ▶▶▶p.32

■ 外枠の線から刺し始めると形を作りやすい。
■ 屋根、窓などの糸の色を変えると楽しい（P53-❻参照）。

糸＝刺し子用1本どり

大きな木 ▶▶▶p.32

■ 外枠の線から刺し始めると形を作りやすい。
■ 葉と幹の糸の色を変えると楽しい（P53-❻参照）。

糸＝刺し子用1本どり

空想の花

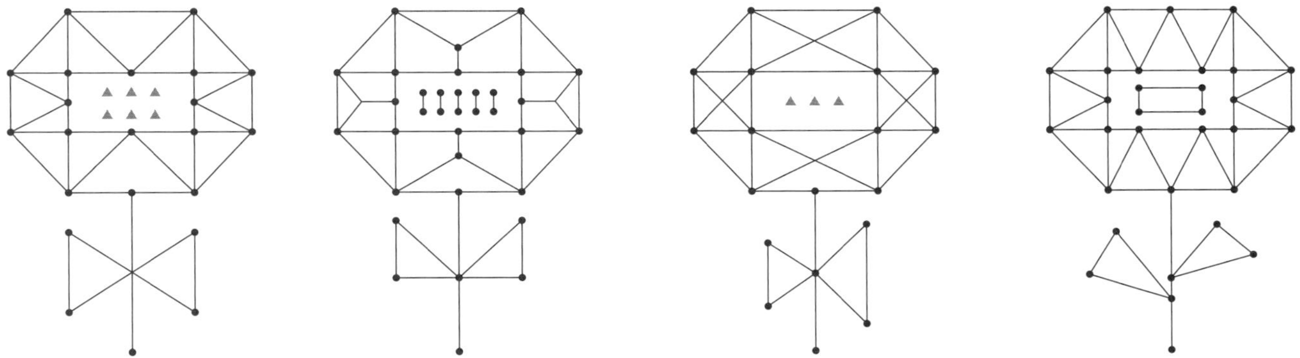

空想の花 ►►►p.34

■ 外枠の線から刺し始めると形を作りやすい。
■ 輪郭や花びら、葉の糸の色を変えると楽しい（P53-❻参照）。
■ 右から３番目の作品では花の中と茎をところどころ細い手縫い用糸で上から押さえてたるみを防ぎ、飾りにしている（P52-❸、P34の作品参照）。
■ 右から２番目と左端の作品の花芯はフレンチナッツステッチで刺す。

糸＝刺し子用1本どり

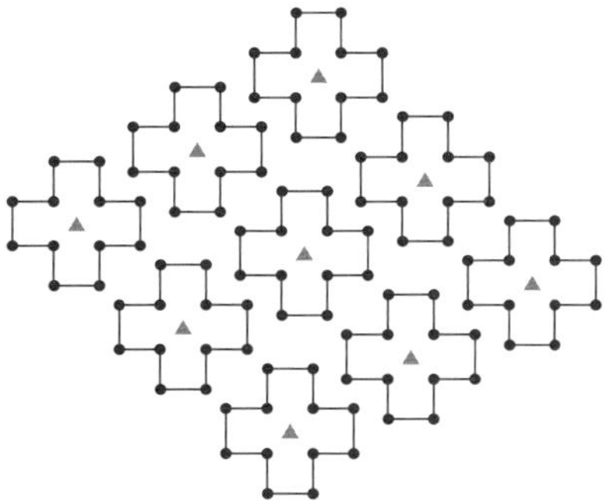

山紫陽花 ▶▶▶p.35

▶▶▶p.35

- 花びらの糸を数色使うと楽しい（P53-❻）。
- 花芯はフレンチナッツステッチで刺す。

糸＝刺し子用1本どり

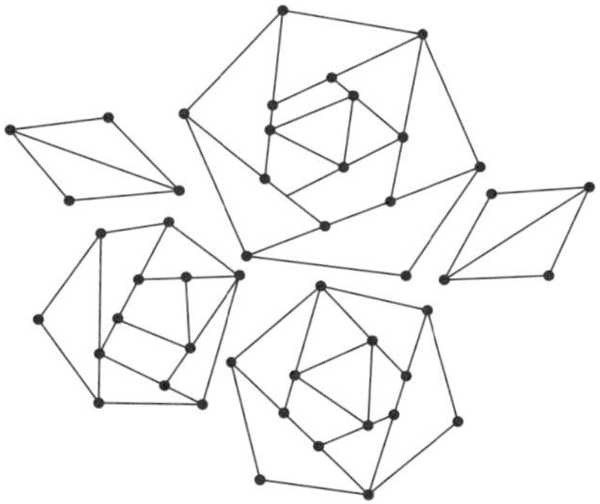

バラ ▶▶▶p.35

- 外枠の線から刺し始めると形を作りやすい。
- 花びらと葉の糸の色を変えると楽しい（P53-❻）。
- 花びらの模様は細い糸で刺し表情を出す（P53-❻、P35の作品参照）。

糸＝輪郭・刺し子用1本どり、
花びらの模様・手縫い用1本どり

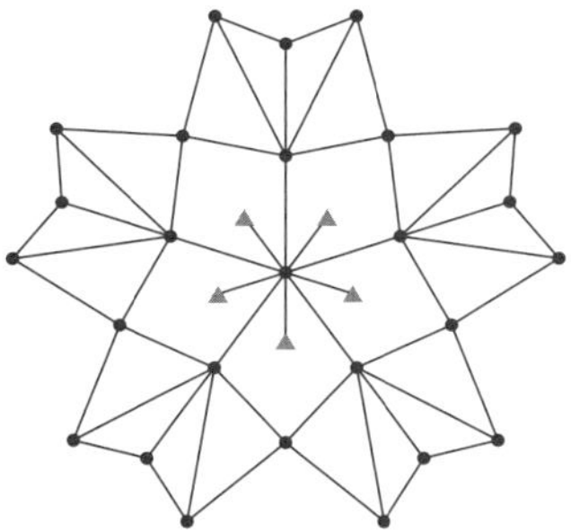

桜 ▶▶▶p.35

- 外枠の線から刺し始めると形を作りやすい。
- 花びらとおしべの糸の色を変えると楽しい（P53-❻参照）。
- 花芯の一部をフレンチナッツステッチで刺す。

糸＝刺し子用1本どり

植物

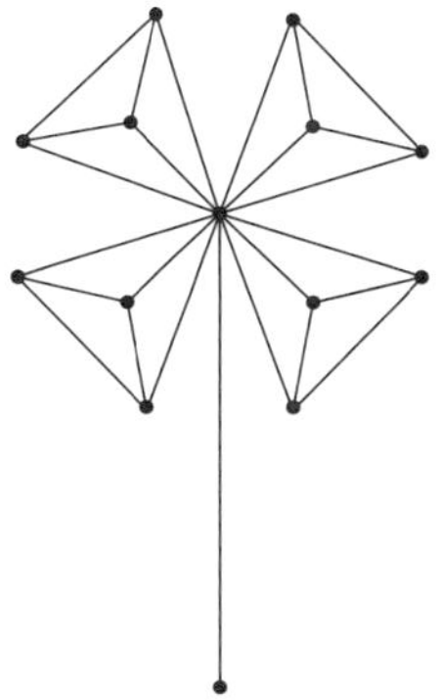

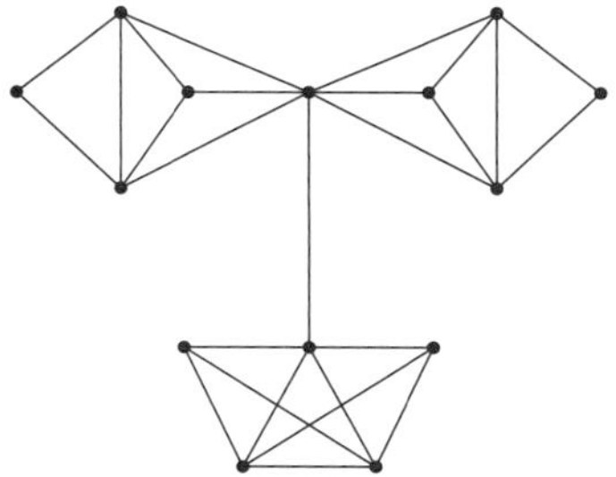

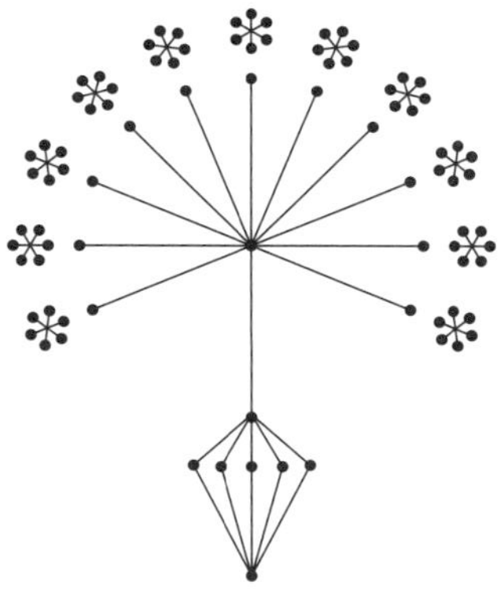

クローバー ▶▶▶p.36

- 外枠の線から刺し始めると形を作りやすい。
- 葉の輪郭と葉脈の糸の色を変えると楽しい（P53-❻）。

糸＝刺し子用細い糸2本どり、
葉脈模様は1本どり

新芽 ▶▶▶p.36

- 外枠の線から刺し始めると形を作りやすい。
- 葉と鉢の糸の色を変えると楽しい（P53-❻）。

糸＝刺し子用細い糸1本どり

綿毛 ▶▶▶p.36

- 放射状に糸が広がるところは間隔を均等にするときれい（P52-❷参照）。
- 綿毛と軸、種の糸の色を変えると楽しい（P53-❻）。

糸＝刺し子用細い糸1本どり、
綿毛の長い糸のみ2本どり

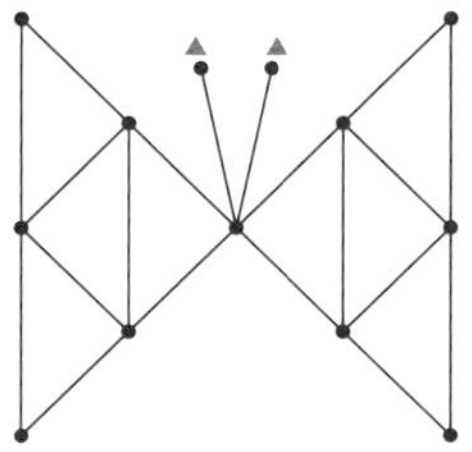

アゲハ蝶 ▶▶▶p.37

■ 外枠の線から刺し始めると
形を作りやすい。

■ 触角の先はフレンチナッツステッチで刺す。

■ 作品では羽の中に並縫いで
模様をつけている
（P53-❻、P37の作品参照）。

糸＝刺し子用1本どり

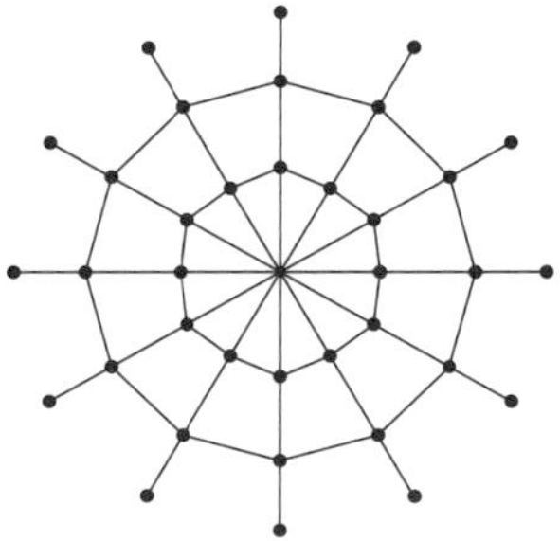

蜘蛛の巣 ▶▶▶p.37

■ 放射状に糸が広がるところは
間隔を均等にするときれい（P52-❷参照）。

■ 交差するところは、糸をもう1本の糸で
上から割るときれいな線になる（P53-❺参照）。

糸＝刺し子用1本どり

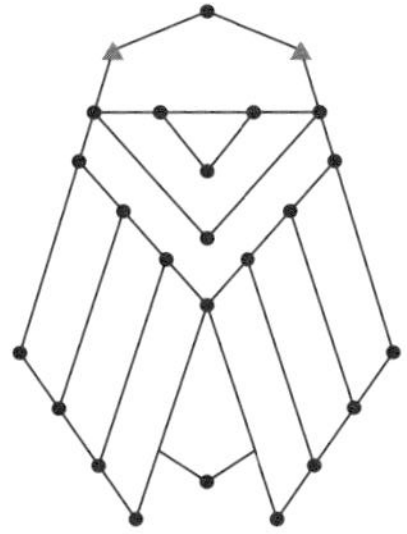

蝉 ▶▶▶p.37

■ 外枠の線から刺し始めると
形を作りやすい。

■ 体と羽根の糸の色を変えると
楽しい（P53-❻参照）。

■ 目はフレンチナッツステッチで刺す。

糸＝刺し子用1本どり

折り紙

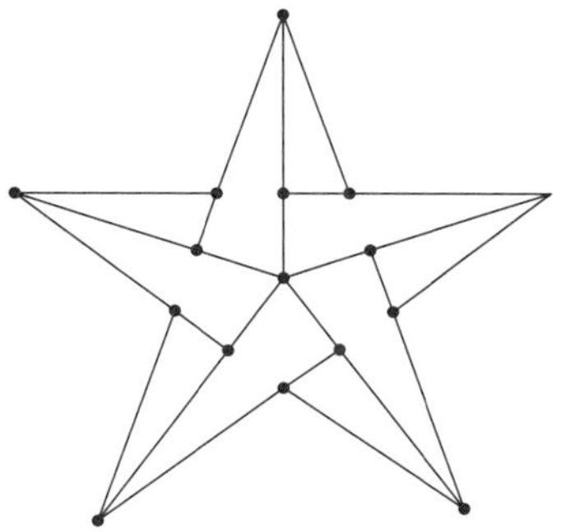

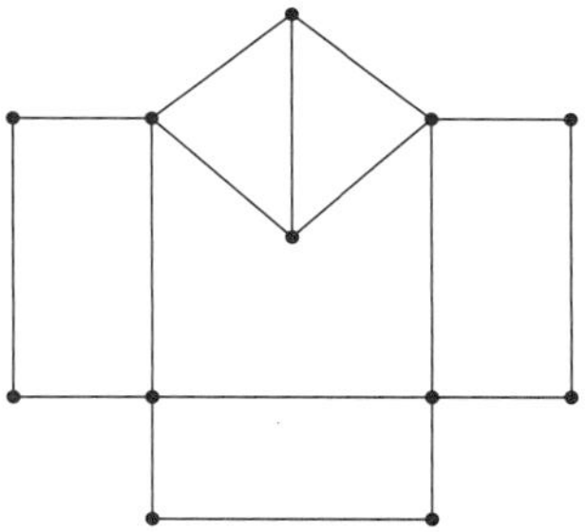

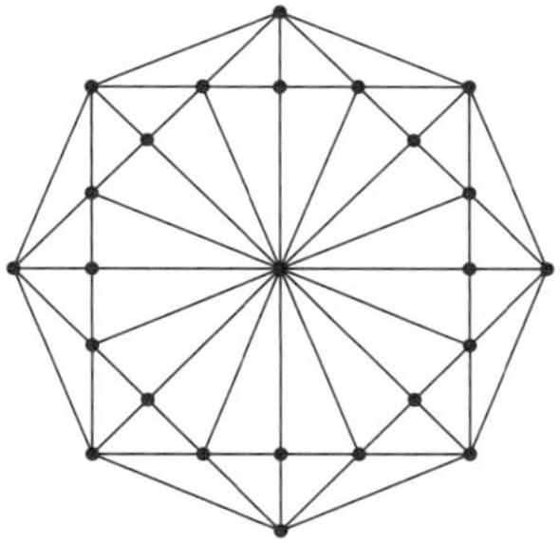

光る星 ▶▶▶p.38

■ 外枠の線から刺し始めると形を作りやすい。
■ 放射状に糸が広がるところは間隔を均等にするときれい（P52-❷参照）。

糸＝刺し子用1本どり

奴さん ▶▶▶p.38

■ 作品では長い糸をところどころ別の糸で上から押さえてたるみを防いでいる（P52-❸参照）。

糸＝刺し子用1本どり

メダル ▶▶▶p.38

■ 外枠の線から刺し始めると形を作りやすい。
■ 放射状に糸が広がるところは間隔を均等にするときれい（P52-❷参照）。
■ 外側と内側の糸の色を変えると楽しい（P53-❻参照）。

糸＝刺し子用1本どり

大きな動物

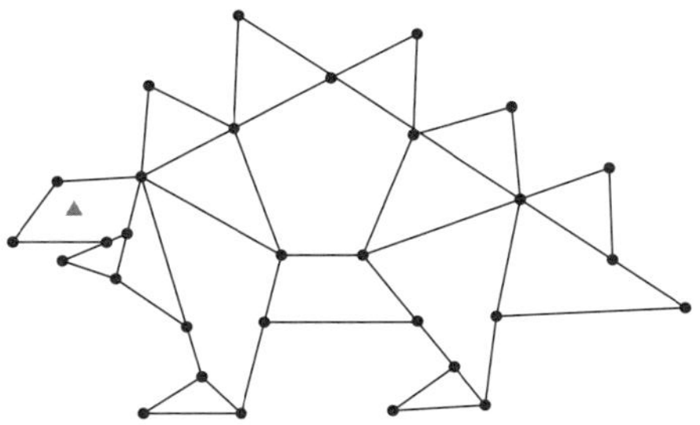

ステゴサウルス ▶▶▶p.39

▶▶▶p.39

- 外枠の線から刺し始めると形を作りやすい。
- 目はフレンチナッツステッチで刺す。

糸＝刺し子用1本どり

象 ▶▶▶p.39

- 外枠の線から刺し始めると形を作りやすい。
- 目はフレンチナッツステッチで刺す。

糸＝刺し子用1本どり

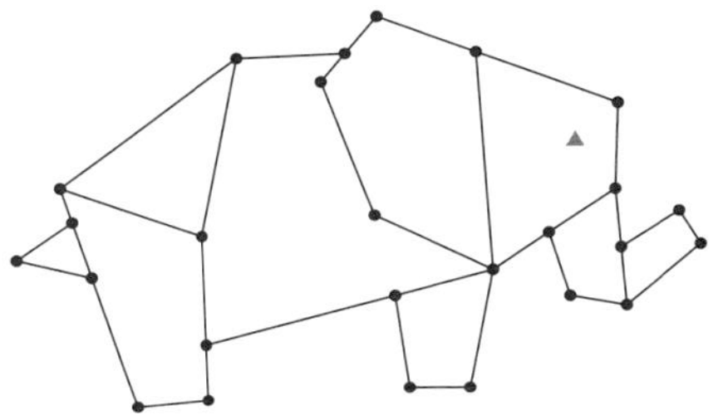

鳥

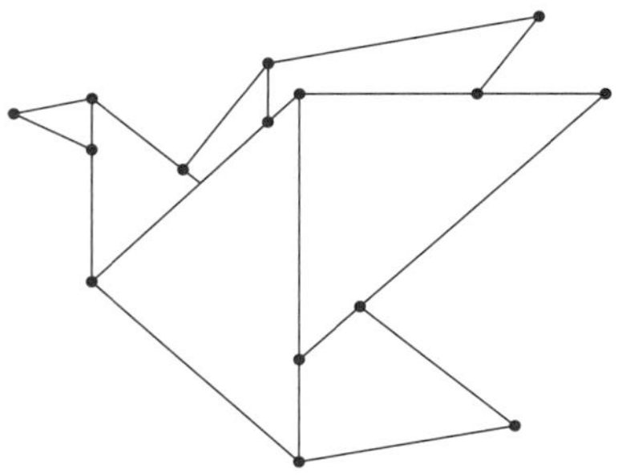

羽ばたく鳥 ▶▶▶p.40

- 外枠の線から刺し始めると形を作りやすい。
- 作品では長い糸をところどころ別の糸で上から押さえてたるみを防いでいる（P52-❸参照）。

糸＝刺し子用1本どり

富士山

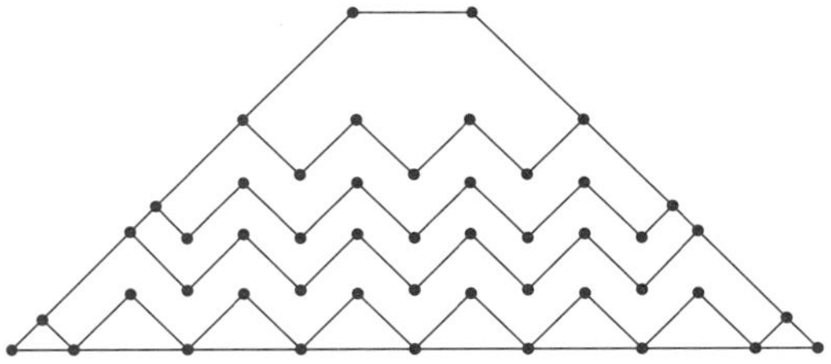

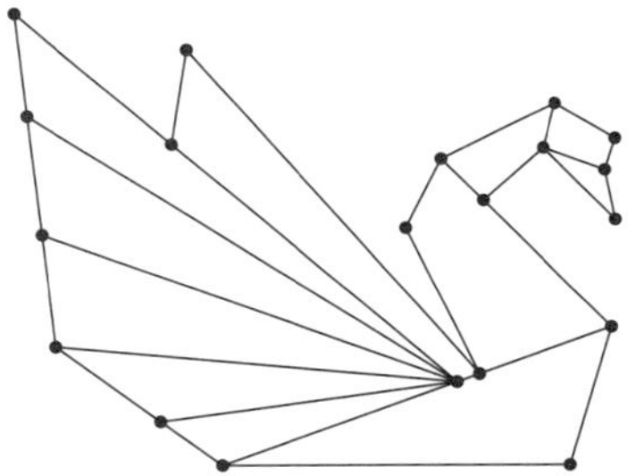

富士山 ▶▶▶p.41

- 外枠の線から刺し始めると形を作りやすい。
- 山と雪の糸の色を変えると楽しい（P53-❻参照）。
- 長い線は、糸を何度か刺しつないで1本にする（P53-❹参照）。

糸＝刺し子用1本どり

スワン ▶▶▶p.40

- 外枠の線から刺し始めると形を作りやすい。
- 作品では長い糸をところどころ別の糸で上から押さえてたるみを防いでいる（P52-❸参照）。
- 作品ではスワンの下に並縫いで水面を描いている（P40の作品参照）。
- 体とくちばしの糸の色を変えると楽しい（P53-❻）。

糸＝刺し子用1本どり

アルファベット

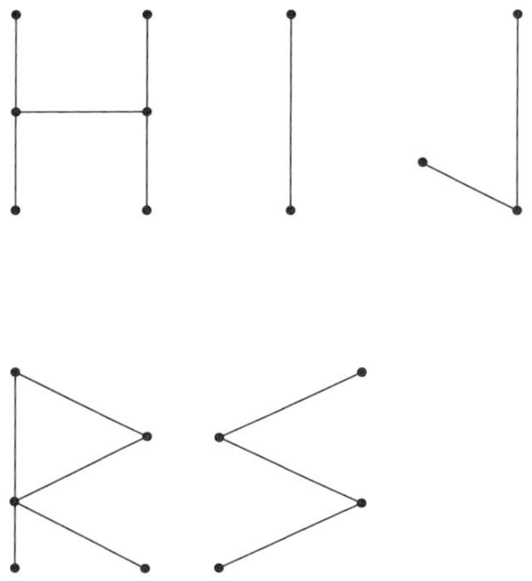

富士山

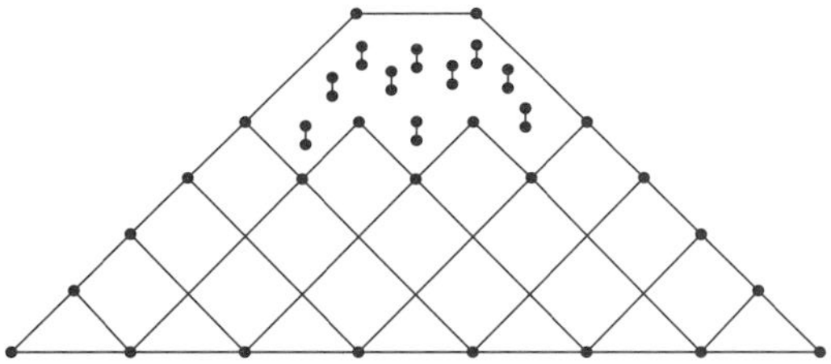

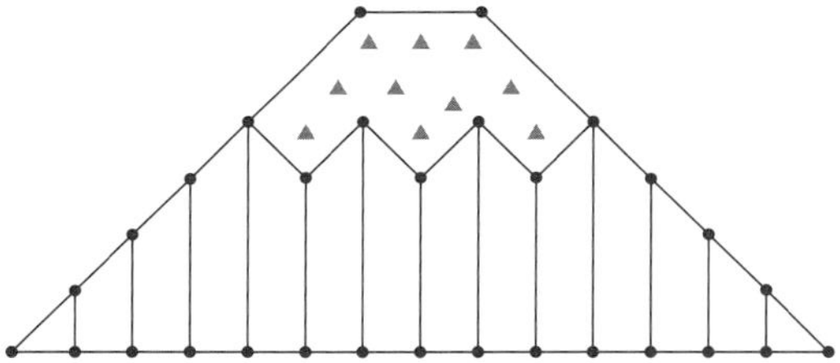

富士山 ▶▶▶p.41

■ 外枠の線から刺し始めると形を作りやすい。
■ 山と雪の糸の色を変えると楽しい（P53-❻参照）。
■ 長い線は、糸を何度か刺しつないで1本にする（P53-❹参照）。
■ 雪の模様は並縫い（上）やフレンチナッツステッチ（下）でつける。

糸＝刺し子用1本どり

アルファベット ▶▶▶p.42

■ 文字を書く要領で点をつないでいく。

糸＝刺し子用細い糸1本どり

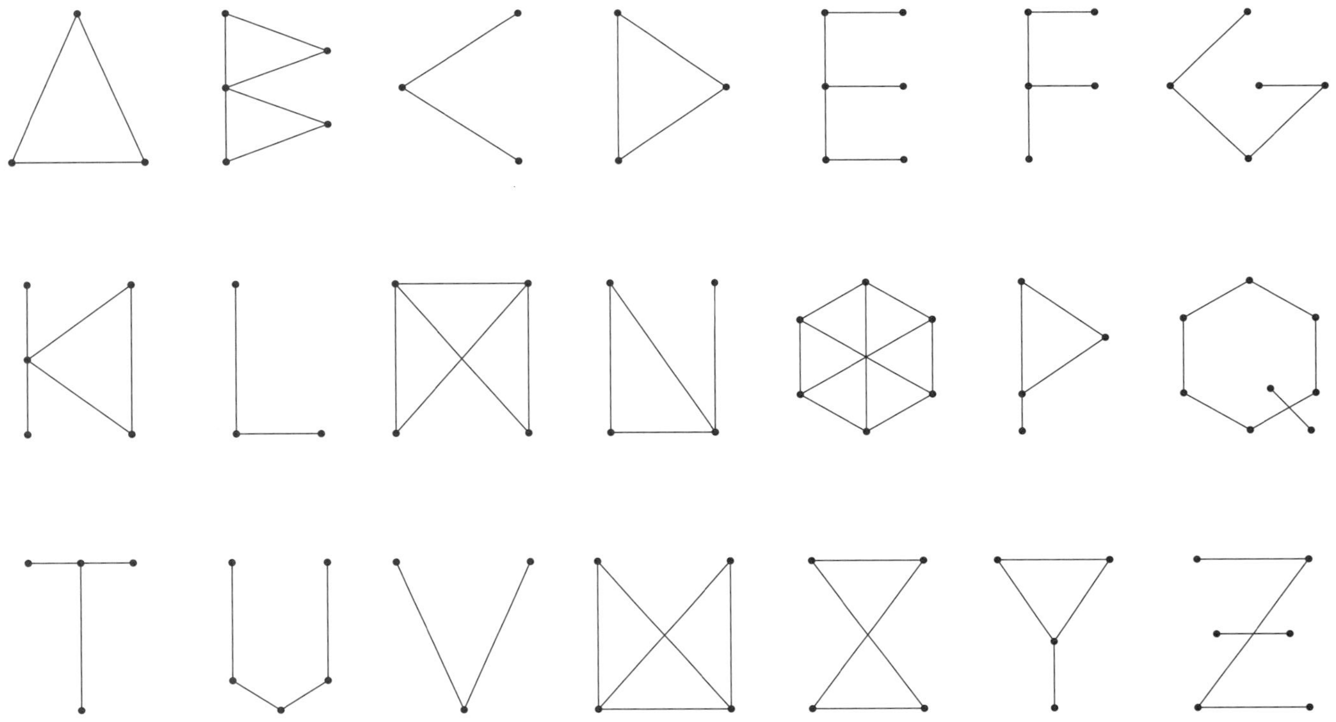

Staff

ブックデザイン／成田由弥（moca graphics*）
撮影／吉田篤史
トレース／関 和之（ウエイド手芸部）
編集／飯田充代

子《こ》どもを守《まも》るおまじない

かわいい背《せ》守《まも》り刺《し》繍《しゅう》

2019年4月14日 発 行　　NDC594
2022年10月17日 第4刷

著 者　堀川《ほりかわ》 波《なみ》

発行者　小川雄一
発行所　株式会社 誠文堂新光社
〒113-0033 東京都文京区本郷3-3-11
☎03-5800-5780
https://www.seibundo-shinkosha.net/

印刷・製本　広研印刷 株式会社

ISBN978-4-416-51998-1

堀川 波　ほりかわ なみ

1971年大阪生まれ。大阪芸術大学グラフィックデザインコース卒業後、おもちゃメーカーの企画開発を経て絵本作家、イラストレーターに。『リネンで作る、つるし飾り』（誠文堂新光社）、『45歳からの自分を大事にする暮らし』（エクスナレッジ）など著書は30冊を超える。